TRABALHO E FELICIDADE, UMA RELAÇÃO POSSÍVEL?

Editora Appris Ltda.
1.ª Edição - Copyright© 2024 dos autores
Direitos de Edição Reservados à Editora Appris Ltda.

Nenhuma parte desta obra poderá ser utilizada indevidamente, sem estar de acordo com a Lei n° 9.610/98. Se incorreções forem encontradas, serão de exclusiva responsabilidade de seus organizadores. Foi realizado o Depósito Legal na Fundação Biblioteca Nacional, de acordo com as Leis n°s 10.994, de 14/12/2004, e 12.192, de 14/01/2010.

Catalogação na Fonte
Elaborado por: Dayanne Leal Souza
Bibliotecária CRB 9/2162

S587t 2024	Silveira, Julliana Trabalho e felicidade, uma relação possível? / Julliana Silveira. – 1. ed. – Curitiba: Appris, 2024. 179 p. : il. ; 21 cm. Inclui referências. ISBN 978-65-250-7029-2 1. Felicidade no trabalho. 2. Saúde mental. 3. Bem-estar. 4. Desenvolvimento humano e organizacional. 5. Psicologia positiva. 6. Sustentabilidade humana. I. Silveira, Julliana. II. Título. CDD – 331.118

Editora e Livraria Appris Ltda.
Av. Manoel Ribas, 2265 – Mercês
Curitiba/PR – CEP: 80810-002
Tel. (41) 3156 - 4731
www.editoraappris.com.br

Printed in Brazil
Impresso no Brasil

Julliana Silveira

TRABALHO E FELICIDADE, UMA RELAÇÃO POSSÍVEL?

CURITIBA, PR
2024

FICHA TÉCNICA

EDITORIAL	Augusto V. de A. Coelho
	Sara C. de Andrade Coelho
COMITÊ EDITORIAL	Marli Caetano
	Andréa Barbosa Gouveia (UFPR)
	Edmeire C. Pereira (UFPR)
	Iraneide da Silva (UFC)
	Jacques de Lima Ferreira (UP)
SUPERVISORA EDITORIAL	Renata C. Lopes
PRODUÇÃO EDITORIAL	Bruna Holmen
REVISÃO	Marcela Vidal Machado
DIAGRAMAÇÃO	Bruno Nascimento
CAPA	Lívia Costa
REVISÃO DE PROVA	Bruna Santos

AGRADECIMENTOS

A Deus, por todas as bênçãos recebidas até aqui.

Aos meus amados pais, por serem exemplo, por valorizarem meus talentos e me encorajarem amorosamente em cada oportunidade de crescimento.

Ao meu esposo e às minhas filhas, por caminharmos juntos na escalada da vida.

Às minhas mentoras da ciência da felicidade, que foram essenciais na minha formação.

Aos parceiros de vida e trabalho, com quem pude contar e tornar muitos sonhos uma realidade da qual me orgulho.

Aos livros, companheiros de todas as horas que expandem meu universo.

Dedico esta obra a todos aqueles que já fizeram parte da minha trajetória profissional, ao me desafiarem e me conectarem com o meu propósito, bem como às pessoas que acreditam no trabalho como fonte de vida e transformação e aos ecossistemas laborais que anseiam em ser solos férteis e favoráveis para o florescimento humano.

PREFÁCIO

Com muita alegria e honra recebi o convite para prefaciar esta obra. Um livro é como um filho, que a gente primeiro sonha, depois se dedica, cuida e realiza com imensa satisfação. E quer tarefa mais importante que apresentar este filho ao mundo?! Alegria maior ainda é saber que ele é fruto de uma semente plantada por mim no curso de Formação em Psicologia Positiva, em que tive o prazer de ter Julliana como aluna tempos atrás. É, sem dúvida, um orgulho e uma gratidão imensa ver que esta semente floresceu tão lindamente.

Este livro é uma jornada pela complexa e multifacetada relação entre o trabalho e a vida humana. Desde as suas origens, a palavra "trabalho" carrega um peso histórico que a associa inicialmente à tortura e ao sofrimento, uma perspectiva revelada no primeiro capítulo por meio de uma análise etimológica em diferentes idiomas. Compreender essa herança nos permite apreciar a transformação da visão do trabalho ao longo do tempo, que ousa destacar também seu papel positivo como fonte de criação, transformação e progresso.

À luz dessa reflexão histórica, o segundo capítulo enfatiza a importância de equilibrar os aspectos positivos e negativos que permeiam o ambiente organizacional. Diante dos desafios contemporâneos, como aqueles impostos pela pandemia de Covid-19, urge a necessidade de refletir sobre o bem-estar dos colaboradores. Nesse contexto, o texto instiga perguntas essenciais sobre o esgotamento, o estresse, e a valorização da saúde mental nas empresas, promovendo uma cultura de autocuidado e atenção à felicidade em meio aos desafios diários.

No terceiro capítulo, o texto aborda a relevância de estabelecer objetivos flexíveis e mantê-los acompanhados de interações regulares. A promoção de um ambiente colaborativo e inovador é essencial para aprimorar a satisfação profissional. A autora nos convida a cultivar um balanço saudável entre o desempenho e o bem-estar pessoal, reforçando que o crescimento contínuo deve estar sempre alinhado às necessidades humanas.

As relações humanas são igualmente discorridas no quarto capítulo, no qual a escuta ativa emerge como um elemento-chave para interações mais produtivas. A distinção entre ouvir e escutar é vital, pois, muitas vezes, nos perdemos na preocupação em falar.

A exploração das dinâmicas interpessoais, ilustradas pela teoria do triângulo dramático de Stephen Karpman, nos faz refletir sobre a ampliação da autoconsciência, permitindo-nos evitar comportamentos prejudiciais e cultivar relacionamentos saudáveis dentro do ambiente de trabalho.

Adentrando o quinto capítulo, a convergência de valores entre indivíduos e organizações ganha destaque. A construção de uma relação saudável, ou *fit* cultural, é fundamental desde os processos seletivos. Quando líderes acreditam no propósito organizacional e se dedicam ao bem-estar das pessoas, cria-se um espaço fértil para a energia criativa e motivacional florescer. As teorias apresentadas sobre valores organizacionais nos ajudam a entender essa interdependência vital que sustenta o desenvolvimento corporativo.

Por fim, o sexto capítulo nos leva a refletir sobre o papel da liderança no bem-estar e na felicidade corporativa. Um líder positivo reconhece seu impacto nas vidas das pessoas, encontrando significado no trabalho e imbuindo propósito nas atividades da equipe. A construção de relações saudáveis, promovendo compaixão, perdão e gratidão, é fundamental para fortalecer os vínculos e o sentimento de pertencimento entre os colaboradores.

Dessa forma, esta obra se revela como um valioso instrumento de reflexão e transformação, destinado tanto a indivíduos quanto a organizações, por intermédio de uma integração perspicaz de teorias e práticas. Ao destacar que o verdadeiro valor do trabalho ultrapassa a simples necessidade econômica, o livro nos incita a buscar uma vida mais plena e significativa por meio de nossas atividades laborais. Convido vocês, prezados leitores, a embarcarem nesta enriquecedora jornada de autoconhecimento e descoberta no fascinante universo do trabalho.

Professora doutora Renata Livramento
Fundadora do Instituto Brasileiro de Psicologia Positiva

SUMÁRIO

INTRODUÇÃO 15

CAPÍTULO 1
SEU TRABALHO É FONTE DE QUÊ? 21

CAPÍTULO 2
FELICIDADE EM RISCO 43

CAPÍTULO 3
TRABALHO, FELICIDADE E AUTOCONSCIÊNCIA 67

CAPÍTULO 4
TRABALHO, FELICIDADE E RELAÇÕES HUMANAS 107

CAPÍTULO 5
TRABALHO, FELICIDADE E CULTURA ORGANIZACIONAL 127

CAPÍTULO 6
TRABALHO, FELICIDADE E LIDERANÇA 149

REFERÊNCIAS 175

INTRODUÇÃO

Era uma vez um homem que cresceu no Reino do Ofício ouvindo palavras duras. Ao longo da sua formação, ele desconhecia manifestações de carinho, de cuidado e não era permitido demonstrar qualquer sinal de vulnerabilidade. Ele foi ensinado a vencer, a ser bem-sucedido naquilo que realizasse, repetindo sucessivamente os mesmos movimentos em suas tarefas rotineiras. Ele e tantos outros que ali habitavam acreditavam que este era o único caminho para serem competentes e reconhecidos: esforço árduo, desaquecido de afetos, para obtenção dos melhores resultados.

Numa outra região próxima dali, no Reino das Flores, existia uma mulher que, diferentemente dele, cresceu em uma ambiência onde as emoções, as relações humanas e uma vida alicerçada em propósito eram fatores influenciadores no seu jeito de ser.

Apesar de os reinos estarem próximos territorialmente um do outro, existia um muro que os separava, impedindo que os povos se conhecessem e compartilhassem dos seus costumes e crenças. Por vezes, a mulher até chegou muito discretamente às redondezas daqueles muros grandiosos e imponentes, mas não via uma porta ou frecha que desse acesso.

Existia uma criança no Reino do Ofício, órfã de mãe, de aproximadamente 10 anos de idade, que era muito questionadora e por vezes perguntava ao seu pai e mestres o porquê de as pessoas não poderem conhecer o que estava para além dos muros que as rodeavam. Ela sempre ouvia as mesmas respostas: "Não há nada de bom! Só existem ameaças, precisamos nos proteger aqui dentro".

Mas mesmo diante de todos esses inibidores, a curiosidade e a perseverança daquela criança não a impediram de romper com o círculo vicioso que existia há tantas gerações. Num certo dia, quando todos estavam mais obcecados do que nunca em competir uns com os outros diante de suas atividades, a criança aproveitou para explorar mais o território em torno dos muros do reino e descobriu uma passagem secreta, bem pequena, que aparentemente tinha sido feita para ela, tendo em vista que parecia só comportar um ser de menores proporções.

Quando chegou mais próximo, percebeu que a porta estava trancada, necessitando de uma chave muito específica para abri-la e passar para o outro lado do reino. Ela achou a fechadura semelhante a algo que já conhecia, mas que imediatamente não conseguia lembrar. Foi quando resolveu voltar para casa e tentar mais tarde para não perceberem a sua ausência.

Ao chegar a seu quarto, ela foi escrever em seu caderninho que tinha recebido da mãe quando completou 7 anos. Estava entusiasmada com a recente descoberta e o caderno era o local no qual registrava seus pensamentos e sentimentos que não compartilhava com ninguém. Lembrou que, na época que ganhou o presente, sua mãe havia lhe dito que escrever era libertador, como uma chave que abre inúmeras portas que existem dentro de nós mesmos e assim passamos a desbravar mundos desconhecidos. Naquele instante, recordou que o caderno vinha com uma chave escondida na contracapa.

Imediatamente a menina pegou a chave e viu que ela combinava perfeitamente com a fechadura da porta que ela havia descoberto. Segurou-a forte em sua mão, levou até o peito e fechou os olhos. Naquele instante, ela compreendeu que sua mãe havia deixado algo muito especial para ela. Programou-se para ir no outro dia até a tal porta secreta para testar a chave encontrada no caderno.

Logo no primeiro raio de Sol, a menina já tinha saído de casa determinada a destravar aquela porta e descobrir o que havia do outro lado dos muros da cidadela. Pegou umas frutas e água e colocou em uma pequena mochila caso demorasse mais do que o previsto. Os adultos estavam tão ocupados com suas tarefas que nem se deram conta de sua ausência.

Quando chegou ao local, retirou a chave do bolso e inseriu na fechadura. Coube perfeitamente como ela imaginava e, de repente, a porta se abriu. Do outro lado, viu uma floresta densa, cheia de árvores frondosas, como também arbustos, flores e diferentes sons.

Ao se entrelaçar e brincar com algumas árvores e borboletas pelo meio do caminho, ela foi surpreendida, como se alguns galhos estivessem sendo pisados por alguém perto dali. Naquele instante, ela se aquietou por trás de um arbusto e observou silenciosamente. Foi quando viu uma mulher com uma tiara de flores e vestes leves em tom de amarelo, passeando pela floresta, com uma cesta em um dos braços cheia de frutos. Numa outra cesta, ela colocava as ervas daninhas que encontrava pelo trajeto. À medida que ela colhia, cantarolava e contemplava a paisagem ao seu redor. Ela transmitia uma ótima energia e sua forma de interagir com a natureza era contagiante, a ponto de fazer com que a pequena menina tomasse a iniciativa para se aproximar e interagir.

— Olá! Eu não sou daqui e estou desbravando esta floresta, pois sempre me interessei em saber como ela era. Vi que a sua forma de ser é bem diferente do mundo de onde venho e imagino que posso aprender muitas coisas deste lugar com você. Será que poderia me ajudar?

A mulher abriu um largo sorriso para a menina, acolheu-a com um carinhoso abraço e a partir daquele momento as duas caminharam juntas por longas horas e nem viram o tempo passar. Ela apresentou os quatro cantos da floresta, os traços que marcavam a cultura do povo, os métodos de trabalho, além do papel de cada membro para todo aquele ecossistema conviver de forma harmoniosa e sustentável. Ela falou que naquela floresta, assim como na vida, existiam desafios e belezas, cabendo a cada um que fazia parte dela ter a consciência dos impactos de suas atitudes uns nos outros, além de zelar por princípios básicos para a manutenção de uma vida que tinha como alvos a prosperidade, o sentido, a colaboração e o bem-estar.

A menina ampliou sua visão de mundo, pois conheceu uma realidade para além daquela na qual vivia há anos. A partir disso, voltou para o seu mundo com uma vontade de fazer a diferença e transformar a vida daquelas pessoas para melhor, com uma nova concepção sobre trabalho.

Nesse breve conto, quem você acha que os três personagens principais representam? O homem retrata o trabalho adoecido, a menina é a esperança e a mulher, o trabalho sadio. O meu convite a você que prosseguirá com a leitura deste livro é que a partir de agora passe a refletir sobre quais pilares estão constituindo a sua relação com o trabalho e se você enxerga que entre o que você escolheu ser e fazer profissionalmente existe um muro ou uma ponte que o afasta ou o aproxima do caminho da felicidade. Você é como a vila de homens que vive no piloto automático, repetindo movimentos numa correria frenética e exclusiva pela produtividade e reconhecimento individual? Ou você age como a menina, ao idealizar objetivos melhores e se mobilizar para alcançá-los, com inconformismo construtivo a guiá-lo, atuando com uma força propulsora em busca de dias melhores? Ou, ainda, você se vê como a mulher, que tem a consciência do seu lugar no mundo profissional e estabelece uma relação saudável com todos aqueles que operam em seu ecossistema? No final das contas, perceba que a felicidade exige de nós movimento, nesse conto representado inicialmente pela esperança.

No primeiro capítulo, você compreenderá conceitos que influenciaram o trabalho ao longo da história, bem como as teorias e considerações acerca da felicidade e como podemos fazer uma conexão com o mundo do trabalho.

No segundo capítulo, você perceberá os aspectos inibidores ao trabalho saudável e os cuidados que pessoas e empresas precisam ter como prioridade para não nutrirem uma relação nociva com o trabalho e inibirem os fatores de risco.

No terceiro capítulo, eu o convido a olhar mais para si e perceber que o autoconhecimento é a chave para uma carreira mais autêntica e significativa.

No quarto capítulo, você será instigado a pensar sobre como as relações humanas interferem na ambiência profissional, além de diretrizes norteadoras para estabelecer conexões verdadeiras.

No quinto capítulo, evidencia-se a importância de uma cultura organizacional forte e responsável como fator essencial para a manutenção e sustentabilidade do bem-estar das pessoas e do negócio.

No sexto capítulo, ressalto o papel do líder como agente de florescimento a partir de modelos atuais e humanizados de gestão.

Ao final de cada capítulo, você terá um espaço para escrever sobre os seus insights e principais aprendizados em cada etapa, como forma de estimular o tal movimento a partir de reflexões que o impulsionem para novos olhares e novas práticas.

Como você pode perceber, esta obra se destina a você que é profissional, independentemente da sua ocupação, e que sente que pode melhorar a sua conexão com o trabalho. É para quem atua na área de Capital Humano como estímulo para repensar como você vem contribuindo para a sedimentação de espaços organizacionais positivos. É para líderes, no intuito de inspirá-los a serem uma referência admirável em seus modelos de gestão e na vida daqueles que cruzam seu caminho.

E, quando tiver chegado ao fim, espero que esta leitura o inspire a um encontro valoroso, entre você, suas motivações e inquietações profissionais, ao passo que, quando a concluir, você esteja mais inspirado a construir uma carreira mais cheia de sentido e autenticidade, além de ser uma influência positiva por onde passar, contribuindo para ambientes de trabalho mais saudáveis. Aproveite!

CAPÍTULO 1

SEU TRABALHO É FONTE DE QUÊ?

"A felicidade não é para os inertes, é para os ativos."

Aristóteles

Para começar a nossa jornada, vamos falar sobre a construção do significado acerca do trabalho na vida das pessoas e na história da humanidade. Você sabia que a palavra "trabalho" vem do latim "*tripalium*", termo utilizado para designar um instrumento de tortura? Desta forma, é como se aqueles que antigamente trabalhavam estivessem sendo torturados. No passado apenas escravos e pessoas pobres, que não tinham posses na sociedade, eram direcionados para este fim: o trabalho. No francês, o termo "*travailler*" significa sentir dor ou sofrer; no grego, a palavra mais próxima significa sofrimento, fadiga, pena. Com isso, já se percebe tanto a conotação de castigo para aqueles que precisavam exercer as atividades daquela época quanto de algo de menor valor.

Você já ouviu falar no mito de Sísifo? Trata-se de uma história de um personagem da mitologia grega considerado um dos mais inteligentes e espertos dos mortais. Após conseguir enganar vários deuses gregos, ele recebeu um castigo: foi condenado a realizar um trabalho exaustivo e sem propósito. Teria que rolar uma grande pedra até o pico de uma montanha por toda a eternidade, repetindo incessantemente essa árdua atividade todos os dias, sem sentido algum. Esse é um outro exemplo que podemos usar para fazer uma analogia sobre a relação entre indivíduo e trabalho, na qual muitas pessoas acabavam, e porque não dizer que algumas ainda acabam, assumindo o papel de Sísifo em suas rotinas profissionais.

Assim como o mito anteriormente apresentado, também podemos lembrar do filme *Tempos Modernos*, idealizado por Charles Chaplin em 1936, o qual tem em suas bases uma crítica à forma mecanicista e exploratória da força de trabalho, colocando o homem como uma engrenagem, engolido por uma rotina massacrante, com atividades repetitivas e desinteressantes, evidenciando a desumanização do homem no trabalho visando apenas à maximização do lucro.

Pode-se perceber que originalmente a relação entre homem e trabalho nasceu a partir de uma conotação muito pesada e negativa. E, por vezes, fico a me perguntar até que ponto carregamos energeticamente nos dias atuais essa "herança conceitual" para o contexto profissional. Sabemos que, infelizmente, nem todas as pessoas se identificam com a sua ocupação profissional, bem como não experienciam com frequência alegria, orgulho e inspiração pelo que fazem. Se pararmos para pensar, quando interagimos uns com os outros e perguntamos como estão as coisas no trabalho, uma parcela significativa costuma dizer frases do tipo: "Estou na luta!" ou "Estou matando um leão por dia!" ou "Podemos mudar de assunto? Não quero falar sobre isso!". Interjeições que remetem o trabalho àquele significado do *tripalium* ou do mito de Sísifo.

Somado a isso, é importante resgatarmos as quatro revoluções ocorridas no mundo do trabalho e que foram divisores de água no tocante às transformações tecnológicas e, consequentemente, à influência na forma de o indivíduo se relacionar com o trabalho e com a sociedade:

1ª revolução	2ª revolução	3ª revolução	4ª revolução
• Nascimento da indústria • Início da mecanização • Energia a vapor • Transição do trabalho manual para o mecanizado • Trabalhador pouco qualificado	• Produção em série • Linha de montagem • Uso da energia elétria/petróleo • Divisão e simplificação de tarefas • Baixa autonomia do trabalhador	• Avanço da comunicação e da computação • Automatização do processo produtivo • Produção sob demanda • Terceirização	• Inteligência artificial • Internet das coisas • Big data • Flexibilização dos vínculos empregaticios e dos locais de trabalho • Trabalhador mais autónomo

Fonte: adaptado de Vazquez e Hutz, 2021

São perceptíveis os avanços provocados por cada revolução, como também as mudanças significativas que impactaram o modo do trabalho ser organizado e vivido ao longo da história. Hoje compreendemos que a evolução do mundo do trabalho passa por um processo multifatorial, porém quero dar foco para a importância de um elemento que, no decorrer de toda essa trajetória, com todos os desafios e conquistas, para mim, sempre esteve no centro de tudo, mesmo que muitas vezes não tenha sido valorizado e colocado em lugar de destaque: o ser humano, o qual modela o trabalho e se modela por meio dele.

Em uma pesquisa feita pelo grupo Adecco, que leva o nome "Força de Trabalho Global do Futuro", na qual foram ouvidas 34 mil pessoas pelo mundo, inclusive no Brasil, foi revelado que o índice de desengajamento por parte dos profissionais era de 71%. Um número bastante elevado e preocupante em minha opinião. França (2022) aponta uma outra pesquisa feita pela Gallup, realizada em 142 países com cerca de 180 milhões de pessoas, que detectou que apenas 13% dos profissionais podem ser considerados engajados, enquanto 24% jogam contra a própria empresa e 63% apenas são cumpridores de ordens. A pesquisa "A força de trabalho brasileira sob a ótica do engajamento", realizada também pela Gallup, revelou que as principais causas do desengajamento são: mau relacionamento com a liderança, desvalorização dos funcionários, infraestrutura em defasagem e incongruência entre valores pessoais e profissionais. Diante de tantos estudos feitos nessa direção, por meio de fontes confiáveis e respeitadas mundialmente, está mais do que na hora de olharmos para esse cenário com inquietação e movidos por um desejo de mudança, não é mesmo? Ao longo da leitura deste livro, você perceberá que farei costuras com esses aspectos e a felicidade de quem trabalha, no intuito de estimular a construção de uma relação mais satisfatória entre os seres humanos e seus espaços laborais.

Durante séculos o trabalho foi visto como expiação, castigo, exploração e sofrimento. Há poucos anos o trabalho começou a ganhar um novo olhar, mais aproximado do que atribuímos hoje em dia: como um espaço para aplicação de habilidades, forças e talentos para atingir um determinado fim, aliado aos ganhos tangíveis provenientes das entregas dos indivíduos. Conceito que vem se reformulando e se ressignificando ao longo do tempo. Geralmente é direcionado um olhar tão duro e árduo para o trabalho, como se estivéssemos nele apenas pelo caráter de sobrevivência, que não passamos a observar, considerar ou valorizar o que nos tornamos a partir dele ao longo da nossa história.

Como psicóloga com atuação há mais de 20 anos no contexto organizacional e do trabalho, sempre me interessei por compreender as nuances que perpassam a relação entre as pessoas, suas escolhas e interesses profissionais, o ambiente onde atuam e como se constroem como sujeitos a partir dessas experiências, tendo em vista que o trabalho ocupa um espaço muito substancial na dinâmica da vida. No Brasil, muitos dos profissionais dedicam de 8 a 11 horas por dia, além do tempo gasto com deslocamento. Será que não precisamos pensar com seriedade sobre isso? Será que não seria interessante ressignificar essa relação com o trabalho e trazer mais qualidade para uma área das nossas vidas que está tão presente em nossa construção e que fala muito sobre nós mesmos? O crescente olhar sobre trabalho e dignidade humana nunca esteve tão pulsante em nossa sociedade. Precisamos transformar a percepção sobre o trabalho. É importante que ele não seja visto como o problema, mas sim como a solução.

Acredito profundamente que um dos caminhos para transformar uma sociedade e o mundo é por meio do trabalho. Por isso, grande parte da minha energia vital é dedicada a isso, ao procurar contribuir com ecossistemas laborais mais significativos e saudáveis, bem como com o desenvolvimento de profissionais mais conscientes do seu papel nesse universo tão desafiador.

O tema trabalho também pode ser visto nos capítulos de Gênesis, na Bíblia, quando aborda que para criar o mundo Deus trabalhou seis dias, tendo em cada dia uma missão específica, e no sétimo dia ele descansou. Independentemente das crenças religiosas e das interpretações dadas a esse fato, podemos extrair uma reflexão importante proveniente da obra divina: o trabalho como fonte de criação, de transformação, para fazer nascer algo novo, como serviço para beneficiar outras pessoas, sem esquecer da necessidade das pausas, do descanso.

Em 1981, o Papa João Paulo II abordou o tema trabalho com a encíclica *Laborem exercens*, a qual define a função e significado do trabalho da seguinte maneira:

> O homem, mediante o trabalho, deve providenciar o pão de cada dia e contribuir para o progresso contínuo das ciências da técnica, e sobretudo para a incessante elevação cultural e moral da sociedade, na qual vive em comunidade com seus irmãos. E por trabalho entenda-se toda obra realizada pelo homem, independentemente de suas características e das circunstâncias, ou seja, cada atividade humana que se pode e se deve reconhecer como trabalho em meio a toda a riqueza das ações das quais o homem é capaz e às quais é predisposto por natureza em função da humanidade. (De Masi, 2018, p. 51)

Percebe-se que o trabalho passa a ter um outro valor na sociedade, sendo eixo fundamental para o crescimento e desenvolvimento da humanidade, no tocante a questões objetivas e subjetivas. Deixa de lado uma função punitiva, dando lugar a função criativa.

É perceptível que ao longo da história da humanidade o fator trabalho foi ganhando diferentes configurações. Enquanto nos primórdios estava circunscrito às atividades agrícolas, passando ao advento industrial com o acúmulo de bens, incremento instrumental e de maquinários, chegamos à era em que se coloca no centro o próprio homem por meio do conhecimento para prover, organizar e satisfazer as necessidades da sociedade em constante evolução.

Certamente, estamos em uma fase na qual o valor do trabalho não se concentra apenas na riqueza material que ele é capaz de gerar, mas também na riqueza moral, psíquica e na construção como sujeitos. Adicionalmente a esse contexto, aproveito para ressaltar a importância dos estudos e intervenções da Psicologia Positiva Organizacional e do Trabalho, citado por Vazques e Hutz (2019), como uma abordagem focada na abundância, que leva em consideração tanto as necessidades da organização quanto as dos indivíduos, na busca de uma relação de ganhos mútuos, contrapondo a clássica abordagem focada em déficits, que se concentra em resolver problemas, sem necessariamente considerar o bem-estar do trabalhador nessa equação. E é nessa linha que prosseguiremos, com a intenção de encorajar tanto profissionais como empresas a estabelecerem uma relação mais harmoniosa, potente e próspera com o trabalho.

Antes de seguirmos, quero lhe fazer uma pergunta, principalmente se você é pai ou mãe. O que você fala sobre o seu trabalho para os seus filhos? Quando você fala sobre esse tema, quais são as emoções que você transmite? Eles compreendem o que você faz e qual a importância e o significado que o trabalho tem em sua vida?

Trouxe essas provocações no intuito de uma tomada de consciência de que a relação que construímos com o trabalho começa dentro de casa. Nós, adultos, somos constantemente observados pelos nossos filhos. As crianças e os adolescentes são os profissionais do futuro. Chegará o período no qual eles terão que decidir sobre qual caminho devem seguir profissionalmente. Portanto, você já parou para pensar o que você tem feito ou verbalizado que de alguma forma influencia o seu filho na maneira como ele enxerga o mundo do trabalho? Se é algo estimulante, que desperta curiosidade e ânimo para encontrar e viver o seu caminho, ou se é algo tedioso, desestimulante e até mesmo aterrorizante?

Essa reflexão precisa começar desde cedo e dentro dos núcleos familiares, pois em um belo dia o tão desafiador momento das escolhas profissionais chegará para todos nós. Somos convidados a tomar uma decisão sobre trabalho logo após o término do ensino médio e escolher qual profissão seguir. Certamente esse é um tempo em que vivemos um divisor de águas, quando nos despedimos da adolescência e assumimos as novas responsabilidades que a vida adulta traz para colocar em prática a resposta de uma pergunta que muitos já ouviram: qual profissão você quer ter quando crescer?

Somos feitos das escolhas que fazemos e das escolhas que deixamos de fazer. Escolher é saber ponderar entre prós e contras, entre perdas e ganhos. Requer abrir mão de algo, a partir de saber o que eu quero e o que eu não quero, o que é importante e faz sentido para mim e o que não é e não faz sentido, passa por identificar habilidades e interesses para que eu possa direcionar a energia vital que será necessária. Muitos fazem suas escolhas sem ainda se sentirem prontos, com os corações cheios de incertezas, talvez por não conhecerem suas qualidades humanas e possíveis áreas de atuação aderentes ou por não prepararem antecipadamente esse terreno de forma ideal. Infelizmente nesse momento correm o risco de tomar decisões equivocadas ou transferir a responsabilidade das suas escolhas para terceiros.

Chopra (2019) nos lembra a importância de assumirmos nossas trilhas quando diz que se tornando um consciente criador de escolhas você começa a gerar ações que são evolucionárias para você.

Claro que o recomeçar e viver uma transição de carreira quando adulto é algo que precisa ser considerado dentro da ordem do possível para qualquer um de nós. Entretanto, quando fazemos essas escolhas no início das nossas carreiras de forma mais consciente e certeira, é ainda melhor, não é mesmo?

À medida que amadurecemos com as consequências das nossas escolhas e avançamos em nossas carreiras, um novo horizonte se descortina: o mundo do trabalho. Com a evolução dos estudos sobre o trabalho e o seu impacto na vida dos seres humanos, pode-se afirmar que ele possui três perspectivas: a objetiva, a subjetiva e a social.

A perspectiva objetiva se refere aos ganhos financeiros e benefícios obtidos pelo trabalho que garantem a sobrevivência e subsistência. A perspectiva subjetiva diz respeito ao salário emocional, que envolve sentimento de pertencimento, valorização, reconhecimento, um espaço para crescimento, desenvolvimento e deixar um legado. E a perspectiva social retrata o trabalho como uma oportunidade para interação social e formação de vínculos. Quando integramos essas três perspectivas em uma única carreira, teremos mais chances de trilhamos por caminhos prósperos e saudáveis.

Muitas pessoas concentram suas energias exclusivamente na perspectiva objetiva quando pensam sobre trabalho. Em alguns dos trabalhos que realizei em empresas já cheguei a ouvir a seguinte frase: "Não sejamos hipócritas, estamos aqui pelo dinheiro!". Notoriamente, essa perspectiva é importantíssima, porém não pode ser considerada soberana. Se pararmos para pensar, quando o indivíduo foca apenas nesse quesito, corre grande risco de desumanizar a sua relação com o trabalho e se tornará, contraditoriamente, o que muitas vezes ele próprio critica na postura dos seus empregadores. Algumas dessas pessoas, que são movidas exclusivamente por esse fator extrínseco, podem acabar desgastando as relações e criando atalhos inadequados para preservar estritamente seu interesse particular. Será que isso é uma estratégia saudável ao longo da vida?

Complementando essa visão, o psicólogo Csikszentmihalyi (1997) apresenta em uma das suas obras que o nosso dia habitual é dividido basicamente em três tipos de atividades: atividades produtivas, atividades de manutenção e atividade de lazer.

Por atividades produtivas, entende-se tudo o que está relacionado ao trabalho em si, aquilo que precisamos fazer para gerar energia a fim de aplicarmos nossos conhecimentos, habilidades e atitudes na transformação ou construção de algo e consequentemente sermos reconhecidos por isso, gerarmos renda para atendermos às nossas necessidades básicas de sobrevivência.

As atividades de manutenção se referem a trabalho doméstico, higiene, alimentação e deslocamento. E as atividades de lazer são caracterizadas como o tempo livre para hobbies, leitura, arte, esportes, encontros sociais e descanso.

Observa-se que entre um quarto e mais da metade da nossa energia psíquica é destinada às atividades produtivas. Ou seja, geralmente o trabalho ocupa a maior parte das horas que compõem o tempo cronológico do nosso dia. Por isso, instigo-o a refletir, assim como já questionei várias pessoas que participaram de palestras minhas: será que é importante desenvolvermos uma relação saudável e significativa com o nosso trabalho?

Sabe-se que problemas e adversidades são inerentes à vida humana e que muitos profissionais são acometidos por doenças e disfuncionalidades ocupacionais devido à existência de ambientes tóxicos e com condições limitantes. Considero que não podemos negligenciar essas questões e que elas precisam ser confrontadas e combatidas assertivamente. Entretanto, o olhar que compartilho neste livro procura ir além, trazendo uma perspectiva prevencionista, na qual é importante capacitar os indivíduos a desenvolverem suas potencialidades e qualidades, bem como ajudar as empresas a construírem ambientes laborais como espaços propícios para o florescimento humano. A partir desse viés positivo, convido-o a aprofundar o olhar sobre a felicidade e como podemos percebê-la como uma possibilidade no contexto organizacional e do trabalho.

Entretanto, antes de compreendermos alguns conceitos sobre felicidade, gostaria inicialmente de me debruçar em um mito que ronda esse tema. Geralmente a felicidade está associada ao sucesso, sendo este uma condição para a felicidade. Muitos de nós acredita que só será feliz quando comprar um carro novo, só será feliz se alcançar um determinado objetivo profissional, só será feliz se for promovido, só será feliz quando tiver um relacionamento bem-sucedido e se casar e por aí vai... Não que essas coisas não tenham sua importância, mas é como se a partir dessa perspectiva o sucesso seja a causa e a felicidade o efeito. Será mesmo? Na verdade, caso você esteja entre as pessoas que pensam assim, gostaria de convidá-lo a ampliar o seu olhar sobre esse assunto. De fato, o sucesso nos leva a experimentar ótimas sensações e picos emocionais agradáveis, porém não passam de estados emocionais transitórios, portanto não podem ser considerados pilares sustentadores de uma vida feliz. A fórmula precisa ser encarada de uma maneira inversa ao que costuma ser aplicada, pois não é o sucesso que leva à felicidade, e sim a felicidade que leva ao sucesso. Quando compreendemos isso, saímos de uma posição de espera pela felicidade como efeito de algo para passarmos a semeá-la como um *continuum*, que leva em consideração conhecer as profundezas e sutilezas de uma ciência que só cresce em todo o mundo.

Segundo Silva, Ribeiro, Budde e Damo (2022, p. 40):

> A busca pelo entendimento sobre felicidade percorre a história da humanidade, pois durante milênios personalidades religiosas, da filosofia, música e arte exploraram essa questão. Desde a época dos filósofos gregos até os dias atuais, tem-se formulado múltiplas concepções com o objetivo de compreender a felicidade e o sentido da vida.

Com isso, estimular provocações, reflexões e práticas sobre a felicidade e o trabalho é a força propulsora que move este meu projeto, do qual você agora faz parte. Portanto, quero reforçar o meu convite a olhar para a felicidade não como algo que está à nossa espera ao final do arco-íris, e sim como algo que podemos construir e acessar ao longo da nossa jornada, que só acaba quando a vida acaba, independentemente das circunstâncias, porém criando condições adequadas para tal. Afinal, como bem acreditava Aristóteles, a felicidade é para os ativos e não para os inertes.

Considero importante iniciarmos esse entendimento a partir do contato com as várias concepções acerca da felicidade, como podemos ver no quadro a seguir:

> Sócrates: a virtude é um meio para se obter as coisas boas (prazerosas) e, consequentemente, a felicidade.
>
> Platão: a felicidade é um estado de existência que transcende os prazeres instáveis, imperfeitos e sem plenitude.
>
> Aristóteles: a felicidade é o objetivo central da vida humana e depende dos seres humanos.
>
> Epicuro: a felicidade é o bem último da vida humana e o motivo pelo qual a vida vale a pena ser vivida, ao considerar o prazer duradouro da serenidade do espírito.
>
> Arthur Schopenhauer: a felicidade é um estado de "ausência de dor."
>
> Immanuel Kant: reconhece a importância de cultivar a própria felicidade, mas acredita que essa disposição não precisa ser fomentada, pois é uma inclinação natural dos seres humanos.
>
> Sigmund Freud: os seres humanos desejam prazeres intensos e ausência de sofrimento.
>
> Mihaly Csikszentmihalyi: a felicidade é uma condição que deve ser preparada, cultivada e definida de forma singular. As pessoas que aprendem a controlar a experiência interior serão capazes de determinar a qualidade das suas vidas.
>
> Dalai Lama: o propósito da existência humana é a busca pela felicidade, tendo relação com uma mente saudável e equilibrada.

Fonte: Silva, Ribeiro, Budde e Damo, 2022

Os estudos sobre felicidade têm origem na Filosofia, passando pela Psicologia, Neurociência e até a Economia. Portanto, podemos afirmar que ela é transdisciplinar. Nomes que se tornaram uma grande influência na construção desse campo científico foram: Aristóteles (Eudaimonia), William James (Psicologia Funcional), Edmund Hussel (Fenomenologia), Abraham Maslow (Psicologia Humanista e do Triunfo) e, mais recentemente, Martin Seligman (Psicologia Positiva), que traz uma nova perspectiva para a Psicologia, ao levantar a provocação de que no lugar de nos concentrarmos apenas nas patologias e distorções humanas, também precisamos estudar e compreender o que funciona nas pessoas, o que há de certo com elas, por que são felizes.

Inicialmente, quero destacar as duas perspectivas fundamentais para compreendermos a felicidade: a hedônica e a eudaimônica.

A hedonia representa a dimensão do bem-estar subjetivo, o qual se refere aos afetos e à satisfação com a vida. O objetivo dessa perspectiva é maximizar o prazer e minimizar a dor a curto prazo.

Já a Eudaimonia (Daimon) nos fala sobre bem-estar psicológico, que envolve elementos como a autoaceitação, relações positivas, autonomia, sentido, propósito de vida e crescimento pessoal, tratando-se de um processo a longo prazo.

A partir desse fundamento, podemos observar que o prazer é necessário por ser algo restaurador, porém ele, por si só, não gera crescimento psíquico. A partir disso, já podemos ter um belo insight, ao lembrarmos de pessoas que não avançam na vida, envelhecem cronologicamente, porém não amadurecem, pois parecem viver os dias da sua existência de uma forma muito superficial. Conhece alguém assim? Arrisco afirmar que a vida dessa pessoa está alicerçada apenas pela ótica do hedonismo.

A estudiosa e pesquisadora doutora Sonja Lyubomirsky (2005) chegou a um conceito sobre felicidade que abraça essas duas dimensões anteriormente citadas: "Felicidade é a experiência de contentamento e bem-estar, combinada a sensação de que a própria vida possui sentindo e vale a pena".

A proposta é que possamos pensar de forma integrada em relação às duas perspectivas, cultivando no trabalho experiências de natureza hedônica e eudaimônica. A felicidade se encontra na intersecção entre essas duas dimensões. Porém, considero válido salientar que a abordagem eudaimônica é sem dúvida mais sustentável, tendo em vista que as emoções são transitórias.

Para tornar esse conhecimento mais palpável, imagine um ambiente de trabalho onde as experiências presentes despertem com mais frequência emoções como inspiração e alegria do que o medo e frustração, pois os colaboradores trabalham em um clima organizacional agradável, cercado de reconhecimento e celebrações desde as pequenas conquistas. Além disso, eles atribuem um forte significado às atividades que realizam, ao perceberem o impacto de suas entregas na sociedade. Nesse exemplo, podemos extrair tanto a dimensão hedônica como a eudaimônica atuando juntas e contribuindo para a felicidade de quem trabalha.

O psicólogo Csikszentmihalyi (2022) enriquece os estudos na área quando traz o conceito de trabalho como FLOW, o qual passa pela capacidade de transformar as restrições e limitações em oportunidade de expressar criatividade, em desenvolver habilidades e sentir satisfação como resultado de um investimento pessoal de energia psíquica. O trabalho é apreciado conforme o enriquecemos e quando se torna intrinsicamente recompensador. Esse conceito leva os indivíduos a assumirem uma personalidade autotélica, ou seja, alguém que faz uma determinada atividade pelo prazer de realizá-la e não pela recompensa externa que pode receber.

Segundo o renomado psicólogo (Csikszentmihalyi, 2022, p. 34):

> A metáfora do FLOW é utilizada por muitas pessoas para descrever a sensação de ação sem esforço experimentada em momentos que se destacam como os melhores de suas vidas. Os atletas se referem a isso como "imersão", os místicos religiosos como estar em "êxtase", os artistas e músicos como arrebatamento estético.

As experiências de FLOW ocorrem quando nossas habilidades estão totalmente engajadas na superação de um desafio que é equivalente a elas. Ou seja, é preciso existir um bom equilíbrio entre desafios e habilidades, ambos precisam ser igualmente elevados para que o FLOW aconteça. Ao contrário, o profissional poderá acessar estados emocionais desagradáveis. Portanto, ao estimularmos a experiência do FLOW em nosso cotidiano, conquistaremos a felicidade mediante o controle da vida interior.

Por exemplo, quando é feita uma delegação a um profissional para assumir um novo projeto de proporções significativas para a empresa, porém o nível de habilidades que ele possui não acompanha a complexidade do desafio podendo gerar preocupação, agitação e até mesmo ansiedade. Ou, num outro extremo, quando o profissional é altamente capacitado, mas não encontra no ambiente onde atua desafios que o mobilizem, certamente ele sentirá apatia, tédio e desconexão.

Importante destacar o que afirma Csikszentmihalyi (2022), a experiência do FLOW atua como um imã para o aprendizado, ou seja, para o desenvolvimento de novos graus de desafios e habilidades. Vale ressaltar que essas experiências geralmente são marcadas quando os indivíduos estão realizando atividades de suas preferências. Portanto, quanto mais experiências de FLOW você experimenta no trabalho, mais provavelmente ele será fonte de um espaço que o engrandece e traz sentido.

Não podemos levantar o tema felicidade no trabalho sem abordarmos um outro ponto que merece destaque: a presença das emoções de valência positiva e o quanto estamos expressando-as em nossas experiências laborais. A psicóloga Barbara Fredrickson estabelece 10 emoções-chave para o nosso bem-estar.

A Psicologia Positiva afirma que todas as emoções importam e que somos compostos de um misto delas, sejam agradáveis ou desagradáveis. Emoções são informações e precisam ser consideradas para melhor compreendermos a dinâmica psíquica de cada indivíduo, todas possuem suas funções. Em um mesmo dia de trabalho, podemos passar por estados emocionais de elevado agrado e por estados emocionais de baixo agrado e precisamos compreender o que nos faz nos sentirmos assim para tomarmos as devidas providências e mudarmos ou sustentarmos o rumo da história que estamos escrevendo. Entretanto, o que essa ciência preconiza é que para termos mais chances de florescimento, as emoções de valência positiva devem se sobrepor às emoções de valência negativa. Ou seja, precisamos estar mais sintonizados e frequentes nas emoções-chave citadas anteriormente do que em emoções desagradáveis que venham a nos isolar ou paralisar diante das situações. Vamos conhecer um pouco mais sobre cada uma delas e como podemos percebê-las no ambiente de trabalho.

- **Amor**: emoção que conecta pessoas e experiências. É revelado por meio do cuidado, do se importar.

- **Alegria**: é entusiasmo, energia vital. É revelada quando a realidade corresponde ou supera as nossas expectativas.

- **Orgulho**: está associado à sensação de pertencimento, de realização. Detectamos essa emoção em casos de valorização do trabalho, seja quando somos reconhecidos por algo ou quando reconhecemos e destacamos algo importante dos outros.

- **Diversão**: emoção muito próxima da alegria, porém mais associada ao humor e possui um forte componente social, uma vez que é compartilhada. É percebida quando equipes celebram conquistas como também quando encaram os desafios com leveza.

- **Esperança**: entre todas as emoções positivas é a única que surge diante de momentos difíceis. É a crença de que algo bom está por vir. É revelada quando enxergarmos novas ou melhores possibilidades e nos mobilizarmos para alcançá-las.

- **Gratidão:** emoção que desperta a mentalidade abundante. Observamos esta emoção quando passamos a reconhecer as graças, as dádivas e os benefícios que nos cercam diante das mais diferentes circunstâncias da vida.

- **Admiração:** está ligada à capacidade de transcender, contemplar e de apreciarmos as pessoas ou maravilhas que acontecem. Estado de encantamento.

- **Inspiração:** emoção que acontece quando algo ou alguém nos toca, nos estimulando a um movimento de superação, desenvolvimento e crescimento pessoal.

- **Serenidade:** esta emoção nos leva à quietude. Quando estamos serenos, ficamos centrados. A mente desacelera e mantemos a atenção no que realmente importa de forma tranquila.

- **Interesse:** emoção positiva que está associada à curiosidade, a aprender, a entender como as coisas funcionam, descobrir novos caminhos e desbravar os desafios com engajamento.

A partir de profundos estudos sobre as emoções positivas, Fredrickson criou a teoria *Broaden and build* (ampliar e construir), a qual defende a ideia de que quanto mais acessarmos emoções agradáveis em nossos dias, mais estaremos propensos a entrarmos numa espiral ascendente, a qual nos torna mais criativos, com uma perspectiva mais ampla sobre as circunstâncias ao enxergarmos novas possibilidades, melhores soluções, bem como interagimos de maneira mais fluida com as pessoas e com o ambiente à nossa volta. Entretanto, quando costumamos acessar com maior frequência e nos inundarmos por emoções desagradáveis (como medo, raiva, tristeza, frustração, inveja...), a tendência é de sermos engolidos por uma espiral descendente, momento em que nos fechamos para o mundo, não percebemos saídas e nos isolamos socialmente.

Csikszentmihalyi (2022, p. 27) reforça os estudos defendidos por Fredrickson quando afirma:

As emoções afetam os estados internos da consciência. Emoções negativas como a tristeza, o medo, a ansiedade ou o tédio produzem uma "entropia psíquica" na mente, isto é, um estado em que não podemos usar nossa atenção de forma eficaz para lidar com tarefas externas, porque precisamos dela para restaurar a ordem subjetiva interna. Emoções positivas são estados de "negentropia psíquica", pois uma vez que não consomem nossa atenção em ruminações e sentimentos de autocomiseração, permitem que a energia psíquica flua livremente para qualquer pensamento ou tarefa em que decidimos investi-la.

Perceba como é importante entendermos a relação entre emoções e trabalho, embora durante muito tempo tenham tentado dissociar esse elemento humano do universo laboral, como se fosse possível desligarmos um botão das emoções e assumirmos nossas responsabilidades apenas com as funções racionais. Somos seres integrados, onde cognição e emoção caminham de mãos dadas e precisamos usar isso a nosso favor, bem como beneficiar os outros. Para nós, psicólogos, um ser humano maduro emocionalmente não necessariamente é aquele que tem mais idade, mas sim aquele que possui quatro recursos internos balanceados: autoconsciência/autopercepção (capacidade de reconhecer as próprias emoções, nomeá-las e como estão influenciando seu funcionamento), autogerenciamento (capacidade de regular o que sente, demonstrando respostas adequadas às diferentes circunstâncias), consciência social (capacidade de fazer leituras do ambiente, compreendendo os sentimentos e pensamentos dos outros) e gerenciamento social (capacidade de influenciar positivamente o meio à sua volta, mediando conflitos e lidando com a divergência de interesses e emoções). Desta maneira, ao refletirmos sobre o poder das emoções no trabalho e como estão impactando nossas entregas, relações, desempenho e satisfação, passamos a ficar mais atentos sobre o que costumamos sentir, o que geralmente despertamos nos outros quando estamos trabalhando e o que o fator emoções está desencadeando no ambiente.

É inegável que o trabalho ocupa um lugar central na vida dos seres humanos, ao passo de construirmos a nossa identidade ocupacional ao longo da vida com base no que escolhemos fazer profissionalmente e passamos a nos enxergar por meio dela; esta, por sua vez, tem muita inferência na identidade pessoal. Acredito que, por mais que você ainda esteja no começo deste livro, já ficou bem clara a importância que dou para a relação entre os indivíduos e o trabalho, mas isso não quer dizer que ele deve ser o único fator de cuidado durante a nossa existência.

Ao mesmo tempo que é importante revisitar nosso conceito em relação ao trabalho para desenvolver uma conexão ocupacional de maior identificação e qualidade no intuito de encontrar no trabalho fonte de vida e florescimento, é necessário ressaltar que não podemos direcionar a nossa atenção exclusiva para ele, como sendo o único ou mais importante elemento da vida, por meio do qual nos definimos e nos apresentamos. Vale lembrar que a vida é composta de vários domínios/papéis que precisam ser valorizados e harmonizados. Caso contrário, corremos o risco de nos tornarmos escravos dessa relação, que no lugar de ser algo saudável e inspirador passa a ser limitante e adoecido.

Portanto, pensar sobre por que o seu trabalho existe, quais os benefícios que as pessoas obtêm por meio do que você oferece a elas profissionalmente dentro das suas capacidades, como você supre as necessidades das pessoas por meio do seu trabalho, são reflexões importantes que podem mudar o significado do que é trabalho para você. Assim como identificar quais são as emoções mais frequentes no seu ambiente profissional, se está claro qual o propósito que rege a sua atuação, perceber quais foram as suas últimas experiências de FLOW, e qual o seu grau de realizações para passar a compreender com mais profundidade sobre quais pilares a sua relação com o trabalho está sendo construída.

Ao final deste livro, espero que você consiga responder à pergunta que move o título desta obra e que o mobilize a ser instrumento para que o seu trabalho e de outras pessoas seja palco para a felicidade, pois, como destacado por Furtado (2022) no curso *The Foundation of Happiness at Work* da Universidade de Berkley, a felicidade no trabalho é a percepção de que o tempo do trabalho é bem vivido, com motivação, e de que o que se faz tem valor.

Vamos em frente, pois sua jornada por aqui está só começando! Que tal já começar a responder ao primeiro bloco de reflexões que trouxe para você?

De 0 a 10, qual o seu grau de satisfação com o seu trabalho atualmente? Por quê?

Entre as 10 emoções-chaves, quais as três que você acessou com maior frequência quando estava trabalhando no último mês?
1.
2.
3.

Quais são os momentos que você se sente mais energizado e feliz no trabalho? O que você está fazendo nesses momentos?

Complete a frase: O meu trabalho é fonte de_____

CAPÍTULO 2

FELICIDADE EM RISCO

"Sabemos que as organizações apresentam positividade e negatividade. Diante dessa díade, é importante compreender e dinamizar os fatores que geram virtuosidade, mas também conhecer e inibir os fatores que geram toxidade."

Ana Claudia Vazquez e Claudio Hutz

Como já dito, esta obra tem como objetivo maior estimular o cuidado com o bem-estar e a felicidade de quem trabalha, a partir de teorias e práticas que sustentem esse fim. Entretanto, quero pedir licença a vocês para trazer neste capítulo reflexões sobre aspectos que nos últimos tempos podem estar colocando a minha, a sua, a nossa felicidade em risco. Não podemos negligenciar essas questões que vêm deixando rastros perigosos. Respire fundo e vamos lá!

Em 2020 fomos surpreendidos pela pandemia de Covid-19. Esse fato histórico na humanidade fez com que as pessoas e organizações repensassem o valor e a forma do trabalho no mundo. De maneira muito rápida as empresas tiveram que se reinventar para lidar com todas as limitações impostas pela pandemia e continuar mantendo seus negócios sustentáveis. A partir desse contexto, tivemos que aprender a desaprender e encontrar uma nova maneira de vivermos nossas missões profissionais, entregarmos nossos resultados e nos mantermos conectados virtualmente devido ao isolamento social. Não bastava sobreviver aos riscos e efeitos nocivos do vírus, também precisávamos sobreviver para atender nossas necessidades básicas de subsistência e segurança.

Infelizmente, muitas empresas fecharam suas portas e encerraram suas histórias no mercado. Consequentemente, inúmeros profissionais ficaram a ver navios, sem perspectiva de trabalho, somando-se a isso milhares de vidas perdidas, fossem amigos, colegas de trabalho ou familiares. A inserção do trabalho remoto certamente foi uma fonte estressora para muitas pessoas, principalmente para aquelas que não estavam habituadas com essa realidade laboral. Alguns profissionais inclusive se sentiram até mais sobrecarregados, pois não conseguiam estabelecer as fronteiras entre o home office e as demandas da vida pessoal, como se estivessem online initerruptamente para lidar com as questões do trabalho. O excesso de telas teve seu preço, tanto em ordem física como emocional. Foi um tempo muito sombrio, de profundas incertezas. Experimentamos tempos de muita dor, desestabilização e caos.

Diante desse contexto, o mundo se tornou BANI. O conceito do mundo BANI foi introduzido pelo antropólogo norte-americano Jamais Cascio em abril de 2020. O termo é um acrônimo formado pelas palavras *brittle, anxious, nonlinear* e *incomprehensible*, o que respectivamente significa frágil, ansioso, não linear e incompreensível. Quatro traços que descrevem o paradigma da atualidade enfrentado pela sociedade.

Dados da Organização Mundial de Saúde (OMS) mostram que no primeiro ano da pandemia de COVID-19 a prevalência global de ansiedade e depressão aumentou em 25%. De acordo com o último mapeamento sobre transtornos mentais realizado pela OMS, o Brasil foi considerado o país com a população mais ansiosa do mundo. Esse resultado gerou um alerta para todos nós brasileiros.

> Um estudo da Organização Mental Health America verificou que, entre 2019 e 2020, o número de pessoas que buscaram ajuda para tratar ansiedade e depressão sofreu um aumento de 93%. Em estudos mais recentes, pesquisadores descobriram que as taxas globais desses transtornos se elevaram de forma dramática em 2020, em decorrência da pandemia, com adicional de 76,2 milhões de casos de ansiedade e 53,2 milhões de novos casos de transtornos depressivos significativos. (Harvard Business Review, 2022, p. 12)

E o que isso tem a ver com o trabalho? Total relação!

Durante muito tempo, o ambiente de trabalho foi visto como um espaço desprovido de cuidado e atenção a questões emocionais. O foco e a orientação quase que exclusivos aos resultados e a corrida pela alta performance diante da cultura da competitividade tornaram muitas empresas territórios hostis. Além disso, os efeitos emocionais da pandemia começaram a deixar rastros negativos dentro de duas grandes instituições importantes da sociedade: família e trabalho.

Em meio a esse cenário caótico, foi constatado o que muitos até então não davam tanto valor: a falta de saúde mental pode drenar a energia dos indivíduos, diminuir absurdamente a capacidade de concentração, fazendo com que decisões sejam tomadas de forma impensada e equivocada com maior frequência, uma vez que o nível de discernimento sofre uma queda e as conclusões acabam sendo precipitadas. Ademais, o aparecimento das doenças de ordem psicossomática resulta em danos físicos.

Diante desse contexto, empresas e profissionais precisaram não apenas rever e otimizar seus processos para uma operação mais viável, como também considerar e valorizar um aspecto que na maioria das vezes foi colocado em segundo plano: a saúde mental e o bem-estar das pessoas no trabalho. Foi um marco. Empresas sendo sacudidas para olharem de frente para uma realidade que, na maioria das vezes, não era prioridade.

A partir daí muitas organizações começaram a se questionar sobre o que tinham feito até então sobre essa temática, em que lugar de importância elas tinham colocado a felicidade de quem trabalha. Ficou claro que o negócio, independentemente do segmento, precisava estabelecer e preservar condições favoráveis para o trabalhador acessar a sua potência, caso contrário estaria na contramão da felicidade. Estruturar políticas e práticas em gestão de pessoas que evidenciem como a felicidade e o bem-estar de todos fazem parte das prioridades corporativas será pauta estratégica para a organização, portanto, é um caminho sem volta. Ou então não passará de discursos bonitos e pouco efetivos na realidade.

Compartilho da mesma visão de Sisodia (2019) quando diz que no século XXI não podemos tratar as empresas exclusivamente como máquinas racionais, e sim como organismos dinâmicos, cada vez mais imprevisíveis. É impossível remover a emoção do trabalho, assim como é impossível remover a emoção de qualquer esfera da atividade humana.

Entretanto, considero que estamos engatinhando quanto à educação socioemocional nas empresas, uma vez que para muitas o tema saúde mental ainda é um mito a ser abordado. Líderes precisam começar a priorizar essa temática e falarem sobre a sua importância, como a falta dela se manifesta no cotidiano e seus impactos.

Mas por que é uma prática tão difícil? Primeiro, por esse tema sempre ter sido cercado de tabus até os dias de hoje. Até pouco tempo as pessoas tinham receio de assumir entre os colegas que faziam psicoterapia, por exemplo. Falar sobre ou admitir que possui alguma desordem emocional é como assumir um atestado de ineficiência ou insanidade. Quantos de nós já não ouviram ou até mesmo verbalizaram a seguinte frase: "Terapia é coisa de doido!". Em segundo lugar, pelos riscos eminentes com repercussões profissionais negativas, além do medo de ser excluído, julgado precipitadamente ou até demitido.

Você deve estar se perguntando: por onde começar então? Aqui vão algumas dicas básicas.

Dica 01: Faça da saúde mental um tema natural no trabalho.

A melhor forma de reduzir o estigma sobre os transtornos mentais é falar sobre. Desta maneira, estimular o acesso a conhecimentos básicos acerca do tema ao promover palestras, workshops e rodas de conversas mediadas por um profissional com expertise, no intuito de capacitar para lidar com situações dessa natureza no ambiente de trabalho e estimular o uso de uma linguagem solidária entre as pessoas.

Dica 02: Fortaleça a segurança psicológica no ambiente.

Cultivar a cultura da voz em detrimento da cultura do medo e do silêncio. Semear uma mentalidade empática e acolhedora entre líderes e colegas de trabalho para que todos se sintam seguros ao se exporem e expressarem seus pensamentos e sentimentos, livres de julgamentos, constrangimentos ou ameaças. Esse é um trabalho que leva tempo e que também pode ser conduzido por um profissional devidamente certificado e qualificado para aplicar metodologias confiáveis.

Dica 03: Estabeleça uma política de apoio à saúde mental dos colaboradores com práticas sistemáticas.

Implantar e manter uma política de promoção da saúde mental é fundamental para gerar visibilidade das práticas e estimular novas atitudes no universo laboral, bem como para fortalecer uma cultura mais solidária, inclusiva e colaborativa. Deixar claro como as pessoas devem se portar diante desse tema, reforçando ainda que qualquer atitude de preconceito ou estigmatização será confrontada imediatamente.

A partir do momento que as empresas começam a dar sinais por meio de políticas, códigos de conduta no manejo da saúde mental dos trabalhadores e práticas de apoio consistentes, os profissionais se sentem mais confortáveis para verbalizar sobre as dificuldades que estão atravessando e pedir ajuda para que juntos possam encontrar soluções na superação dos desafios. O não falar só aumenta o estigma.

A sociedade precisa assumir como premissa de vida que a mesma atenção que é dada para as doenças do corpo precisa ser estendida para as doenças mentais. Somos um ser integrado, tudo em nós está conectado e as questões emocionais não devem ficar à margem. Elas são relevantes para a nossa dinâmica funcional ser resgatada e estabelecida.

É importante entender como explicita a *Harvard Business Review* (2022) que o transtorno mental é um desafio, não uma fraqueza. Ao entender a saúde mental e levá-la a sério, o indivíduo junta forças pelo tempo que for preciso e garante que a vida profissional seja parte integrante de suas crenças e de seus objetivos pessoais. Portanto, subestimar ou menosprezar não é o caminho mais sábio. Quanto mais cedo as pessoas em sofrimento psíquico chegarem aos seus diagnósticos, maior será a probabilidade de passarem por um tratamento assertivo e obterem bons resultados em prol da qualidade de vida e da retomada de um estado mais funcional. Ninguém está isento, qualquer um pode enfrentar um problema associado à saúde mental, desde os dirigentes e executivos até os colaboradores com cargos mais operacionais. Combater os estigmas em torno da saúde mental é uma decisão importante que toda empresa deveria abraçar. Particularmente, considero que um dos maiores desafios que as empresas têm nos tempos atuais não é mais garantir a sustentabilidade financeira, e sim a sustentabilidade humana. Para tanto, os ambientes de trabalho precisam estar mais aptos a lidar com questões que cercam a vulnerabilidade como algo natural do ser.

Vale salientar que, somado ao fenômeno da pandemia, vivemos na era da sociedade do cansaço, como cita o filósofo e escritor Han (2015). Segundo ele, cada época possui suas próprias enfermidades. Dentro do atual contexto, a perspectiva patológica não é bacteriológica nem viral, e sim neuronal, quando afirma que doenças neuronais como depressão, transtorno de déficit de atenção com síndrome de hiperatividade (TDAH), transtorno de personalidade limítrofe (TPL) ou a síndrome de Burnout determinam a paisagem patológica do começo do século XXI.

Não obstante, vários são os indicativos que os profissionais vêm apresentando nos últimos tempos e que só confirmam a ascensão do sofrimento psíquico. Coincidentemente, vivemos uma crise de desengajamento nas empresas. Um dado importante e que precisa ser considerado são as informações apresentadas pelo relatório alerta amarelo de 2023, do Instituto Feliciência, responsável por apresentar o panorama da saúde mental no Brasil. Os números mostram que ainda não melhoramos. São registrados 14 mil suicídios por ano no Brasil. 96,8% dos casos estão relacionados ao adoecimento psíquico, em especial à depressão. Entre jovens de 19 a 25 anos, o suicídio é a quarta causa de morte.

Conforme citado no relatório (2023), o retrato é uma juventude adoecida, o que ameaça a sustentabilidade do trabalho. Situação que se agrava com o clima tóxico de ecossistemas organizacionais, onde se agrupam profissionais em ciclos repetitivos de estresse, desintegrando vínculos familiares, levando as reações de convívio ao colapso.

Assim como um mau casamento ou relações tóxicas de qualquer natureza podem adoecer alguém, o que é vivido no trabalho também pode. Caso os profissionais sejam expostos a um estresse crônico ao longo das suas carreiras, os efeitos podem ser devastadores. Considero importante abrir um parêntese neste momento, para lembrar que não é qualquer estresse que é a origem de muitas disfunções humanas. Podemos didaticamente separar o estresse em dois tipos: o adaptativo e o não adaptativo. O primeiro é aquele que é agudo, porém seu efeito não é prolongado. É responsável por mobilizar o indivíduo a agir, enfrentar situações, superar desafios. Já o não adaptativo é considerado patológico, por se apresentar como algo crônico, duradouro, causando efeitos maléficos ao sistema imunológico, além de hipertensão arterial, problemas cardíacos, obesidade, podendo ainda ser considerado uma alavanca para transtornos mentais como depressão e ansiedade.

Permanecer em estado constante de estresse é como se manter em estado de alerta o tempo todo, como se estivéssemos prontos para reagir a qualquer perigo eminente, como se ameaças nos rondassem dia após dia. Esse estado mental faz-nos emitir uma mensagem para o cérebro, o qual imediatamente aciona áreas responsáveis por ativar hormônios como cortisol e adrenalina em uma grande carga, trazendo consequências negativas como as citadas no parágrafo anterior. Imagine como deve ser desgastante para o nosso organismo viver sobrecarregado e em modo de autopreservação e autoproteção constante, como se não fosse possível relaxar e baixar a guarda. Agora, pense nessa situação sendo desencadeada sucessivamente no trabalho, no qual um profissional realiza suas atividades em espaço hostil, marcado por pressões e cobranças para além da linha do normal, onde os esforços não são valorizados nem recompensados, além de as relações serem pouco amistosas, não havendo sinais da mínima confiança e parceria entre os membros de uma equipe. O que isso representa? Bingo! Que o trabalho pode ser tornar uma significativa fonte estressora não adaptativa, despertando inúmeros malefícios para o ser humano. Infelizmente, o trabalho acaba se tornando um fator de risco.

Elbau, Cruceanu e Blinder (2019) reforçam que é importante salientar que existem pessoas que demostram uma maior facilidade de acionar seus botões estressores. Por várias causas, que frequentemente se entrelaçam (genética, personalidade, estrutura psicológica, sensibilidade afetiva, entre outras), já é comprovado que alguns são menos suscetíveis ao estresse crônico e outros já são mais vulneráveis. Mas isso não exime a responsabilidade das empresas de se preocuparem sobre como estão influenciando a saúde e o bem-estar dos seus colaboradores.

Geralmente líderes são muito bons em mediar conflitos, em resolver problemas por meio da otimização dos processos de trabalho, em formular estratégias para o alcance de metas ousadas, entretanto, ainda apresentam certa dificuldade quando o assunto é a saúde mental dos seus colaboradores. Parece um território de campo minado que temem adentrar e preferem transferir o caso para especialistas na área. Compreendo que é um assunto delicado e que nem todos os líderes precisam ser graduados em Psicologia a partir de agora. Entretanto, as lideranças da atualidade não podem mais fechar os olhos para todo esse contexto que vivemos, ao passo que precisam desenvolver habilidades tanto para identificar e fazer leituras mínimas sobre os estados emocionais de seus colaboradores quanto para abordá-los por meio de uma escuta ativa para dar os direcionamentos de forma assertiva. Caso você se veja na cena descrita anteriormente, saiba que uma abordagem humanizada é sempre bem-vinda. Deixe sempre claro que a intenção da escuta é ajudar. Além disso, evite julgamentos e distrações que podem entrar no campo. Eis aqui algumas falas que contribuem para uma melhor conexão e interação com seus colaboradores que estejam enfrentando problemas:

- "Como posso ajudá-lo sem invadir seu espaço?"
- "O que mais ajudaria você neste momento para se sentir melhor?"
- "Já passei por situação semelhante, sei como é difícil. Sei que são histórias diferentes e que não se trata de mim, mas caso queira ouvir como foi a minha experiência e se algo dela for útil para você, eu terei o prazer em compartilhar."

A ideia é que essas pessoas se sintam amparadas, apoiadas. Não necessariamente você será a solução para os problemas delas, mas pode servir como ponte para recursos e soluções surgirem. O desamparo é o fundo do poço, é um estado em que nada que você escolha fazer exerce influência sobre o que acontece. Ele é irmão da desesperança e, portanto, tira das pessoas a perspectiva de mudança ou de um desfecho favorável. É navegar solitário na escuridão. Diante disso eu pergunto: podemos ficar alheios aos sentimentos das pessoas que nos cercam no trabalho?

Desde janeiro de 2022 a OMS passou a reconhecer a síndrome de Burnout como uma doença ocupacional, sendo incluída na Classificação Internacional de Doenças (CID), embora tenha sido descoberta como uma síndrome clínica em 1974 pelo psiquiatra Herbert Freudenberger. Por ser um transtorno de ordem laboral, quero dar um destaque a ele. Trata-se de um estado de fadiga ou exaustão produzido pela dedicação extrema a uma causa profissional. Geralmente, é ocasionada quando as demandas são muito maiores do que os recursos internos, levando a uma resposta do indivíduo a um estresse crônico oriundo do trabalho, apresentando sintomas físicos e emocionais, como: dores nas costas, pescoço e coluna, dificuldade de respirar, insônia e fadiga crônica, transtornos digestivos, alergias, hipertensão arterial, exaustão física e emocional, agressividade, irritação, baixa tolerância, comportamento paranoico, lapsos de memória, distanciamento dos clientes, ênfase no uso de termos técnicos, crítica aos outros, perda da empatia, sarcasmo, sentimentos profundos de frustração, impotência, incapacidade, entre outros.

Muitas pessoas pensam que o Burnout aparece repentinamente. Entretanto, é importante destacar que ele é um processo composto de várias fases e geralmente é configurado ao longo de anos. Inicia-se com picos de entusiasmo, passando a desilusão, frustração e chegando ao ápice do desespero. Essa é a ordem como a doença evolui. Pode-se perceber que as fases iniciais do transtorno levam o indivíduo a se aproximar de episódios ansiosos e as últimas fases a episódios depressivos.

Os estudos da psicóloga Cristina Maslach levaram a três pontos principais que caracterizam a síndrome de Burnout:

Esgotamento profissional: quando a pessoa apresenta sinais de fadiga e estafa, o corpo parece não responder e está emocionalmente no seu limite.

Produtividade pessoal reduzida: o profissional já não demonstra mais o mesmo engajamento (vigor, dedicação e concentração) necessário para a realização de suas atividades, chegando a reduzir significativamente a crença sobre as próprias capacidades.

Despersonalização: a pessoa passa a assumir atitudes pouco convencionais ou bem diferentes de como agia anteriormente, por vezes pode se surpreender negativamente consigo mesma quando se vê com posturas que em um estado saudável jamais adotaria.

As consequências ao longo do tempo são absenteísmo, perda da qualidade das entregas e até abandono do trabalho, uma vez que a pessoa se sente incapacitada, bem como abre precedentes para outros transtornos mentais como ansiedade ou depressão. Segundo pesquisa da International Stress Management Association (Isma-BR), um em cada três trabalhadores brasileiros têm ou já tiveram a síndrome de Burnout. Isso significa dizer que, de um total de 100 milhões de trabalhadores do país, uma média de 30 milhões – 32% para sermos mais exatos – apresentam características da síndrome. Vale salientar que apenas psicólogos e psiquiatras podem realizar o diagnóstico e indicar o tratamento mais adequado.

Por que nem sempre as pessoas percebem que estão entrando no corredor estreito do Burnout e muitas vezes se dão conta apenas quando a situação está crítica? Particularmente, acredito que essa resposta envolve tanto o baixo nível de autoconhecimento dos profissionais, não observando os sinais tanto no corpo como os pensamentos e sentimentos mais frequentes, bem como a relação entre homem e trabalho durante muitas décadas foi moldada por princípios que não levavam em conta a saúde e o bem-estar.

Muitos encaram a relação com o trabalho ao extremo, esticando ao máximo o elástico ao ponto de haver uma ruptura. Uns amam tanto o que fazem que não se dão conta do quanto o trabalho está ocupando um espaço demasiado em suas vidas ao ponto de negligenciarem outras áreas ou exigem tanto de si mesmos a perfeição e a alta performance de maneira constante que uma hora o elástico rompe.

É muito importante que numa relação entre indivíduo e trabalho haja, na maioria do tempo, um equilíbrio entre esforço e gratificações. Entenda por esforço tempo, energia, envolvimento e dedicação a uma causa. E por gratificações as recompensas que são combustíveis para seguir, seja de ordem tangível (dinheiro, proximidade com a residência, benefícios atrativos) ou intangível (orgulho em pertencer, impacto do trabalho na vida de outras pessoas, espaço para a construção de relações significativas etc.).

Quando essa balança entra em desequilíbrio, precisamos ativar o sinal de alerta, pois muito esforço e pouca gratificação não é algo saudável, nem muita gratificação e pouco esforço, o que não leva ao Burnout, porém conduz os profissionais ao tédio ou ao oposto do Burnout, que é o *boreout*.

Sabe-se que o ambiente de trabalho nocivo é um gatilho para a doença se estabelecer, entretanto, existem alguns profissionais que podem revelar uma pré-disposição para a síndrome e que são fortes candidatos ao Burnout por apresentarem alguns comportamentos frequentes, como:

- são trabalhadores intensos, entusiastas exagerados por sua carreira, como se não houvesse outras fontes de motivação na vida;
- a profissão ocupa tanto espaço que geralmente colocam a carreira à frente da vida familiar ou da própria saúde;
- não conseguem se desconectar dos afazeres do trabalho e negligenciam momentos de autocuidado;
- têm dificuldade de dizer não, acumulando projetos e tarefas mais do que podem dar conta;
- são bastante sensíveis às avaliações e opiniões dos outros e, por buscarem suprir uma necessidade de aceitação, acabam se sentindo na obrigação de criar uma superimagem de si mesmos por meio da realização constante;
- sentem culpa ou vergonha por fazerem pausas;
- demonstram desejo extremado pela perfeição e se cobram demasiadamente por isso.

As características descritas nos lembram os chamados tarefeiros. É bastante sedutor se colocar nesse lugar, pois aparentemente são pessoas que demonstram habilidade de se cercar de inúmeros deveres e cumprem a qualquer custo suas missões. É como uma máquina de fazer coisas. Quem se identifica com esses traços sabe o quanto é estimulador permanecer assim, pois geralmente são pessoas associadas a perfis resolutivos, dinâmicos e realizadores. "É importante trabalhar duro, mas não se apegue à sensação de trabalhar muito. Se está inebriado por essa sensação, é porque liga menos para o trabalho do que para a imagem que os outros têm de você." (Sunim, 2017, p. 90).

Mais uma vez quero ressaltar que não há nada de errado um profissional ser engajado e demonstrar capacidade de realização. Isso se torna um problema quando o trabalho se torna uma obsessão, não havendo espaço para a desconexão com essa realidade ao ponto de desenvolver um transtorno mental. É fundamental que a sabedoria esteja em equilíbrio com a paixão ao longo de toda a nossa carreira.

É importante salientar que doenças físicas e transtornos mentais não têm uma única causa, uma única raiz. Os fatores de risco têm uma relação biopsicossocial, o que significa dizer que há fatores em diferentes níveis. Contudo, cada indivíduo tem sua história de vida e se expressa de uma maneira particular no mundo. Porém, considero válido destacar que aquelas pessoas que foram expostas com mais frequência a determinados fatores de risco e demonstram uma predisposição pessoal certamente têm maiores chances de serem diagnosticadas com Burnout. Portanto, precisamos ficar atentos, principalmente diante de todo o contexto em que estamos inseridos nos dias de hoje.

Conforme afirma Han (2015, p. 23):

> A sociedade do século XXI não é mais a sociedade disciplinar, mas uma sociedade do desempenho. Também seus habitantes não se chamam mais de "sujeitos da obediência", mas sujeitos do desempenho e produção. São empresários de si mesmos.

Em seu livro *A sociedade do cansaço* ele provoca várias reflexões interessantes e uma das que quero destacar é que o indivíduo ávido pelo desempenho a qualquer custo é ao mesmo tempo detento e guarda, senhor e escravo de si mesmo. Ou seja, somos os principais responsáveis por retroalimentar o looping da corrida pelo desempenho frenético, criamos tanto os caminhos que nos levam a sensações de poder e realização como as armadilhas que nos encurralam e nos aprisionam.

O filósofo também nos alerta para o perigo do poder ilimitado gerado a partir desse contexto em que estamos inseridos, onde frases como *"Yes, we can!"* começam a se naturalizar em nosso meio, influenciando as pessoas a vestirem a roupa do Super-Homem ou da Mulher-Maravilha em seus cotidianos, sem perceber que esses excessos produzem indivíduos depressivos e fracassados, pois certamente, como humanos que somos, temos limites e precisamos de pausas para nos abastecermos e voltarmos mais revigorados para qualquer atividade. Trata-se de uma necessidade urgente nos libertarmos da noção de que a exaustão é símbolo de status e de sucesso, ao passo que uma vida de mais qualidade de vida e bem-estar não significa viver encostado e à espera de que o sucesso caia do céu. É necessário encontrarmos o equilíbrio dinâmico entre sermos produtivos e ativos, assumindo os ônus e os bônus das nossas decisões e entregas, bem como ter o discernimento das pausas restauradoras que precisamos estabelecer nessa caminhada.

Não posso negar que, ao refletir sobre essa citação de Han, me vem à lembrança alguns treinamentos e imersões que considero nocivos de "gurus" espalhados por aí, que esticam os indivíduos ao máximo, tanto financeiramente como emocionalmente, expondo-os a experiências com abordagens que muitas vezes chegam a impressionar num primeiro momento uma parcela de pessoas ou causar estranheza para outros (inclusive eu), ao estimularem os participantes a irem a fronteiras perigosas de seus territórios interiores, cometendo atrocidades, fazendo-os passar por riscos físicos e emocionais que não estavam preparados para lidar e acomodar em suas vidas após essas experiências. O *"Yes, we can!"* por vezes é estimulado por esses "profissionais", influenciando multidões de forma desastrosa, uma vez que eles abrem questões que muitas vezes não são fechadas ali e que, certamente, se não trabalhadas, funcionarão como gatilhos para a desordem emocional, mais cedo ou mais tarde, principalmente para pessoas que estão em condições mais vulneráveis naquele momento.

Os indivíduos precisam aprender a desacelerar e administrar melhor a culpa que nutrem com frases do tipo: "Eu não sou rápido o bastante!", "Eu não pude fazer tudo o que estava previsto!", "Eu não tenho o ritmo certo!", "Sou incapaz, não estou conseguindo acompanhar!", "Não posso cometer erros, pois serei um fracassado!".

Nós podemos e devemos cultivar sistematicamente o nosso melhor ser e o nosso melhor fazer, pois isso nos afasta da mediocridade. Porém, não podemos perder de vista as consequências desastrosas pela busca ilimitada da alta performance. Não podemos confundir a busca pela excelência por desempenhos que extrapolam o limite do saudável. O esforço precisa ser inteligente e não autodestrutivo. Estar ocupado o tempo todo não significa que estamos sendo produtivos.

Notoriamente é importante acessarmos a nossa capacidade de autoexpressão e realização no trabalho, pois dessa forma sentimos que estamos deixando a nossa autoria e contribuição por onde passamos. Entretanto, o que empresas e profissionais com os traços comportamentais anteriormente citados precisam entender é que podemos ser realizadores sem sermos obcecados pelo desempenho e que não precisamos ser competentes e admirados em detrimento de questões essenciais como a saúde mental.

Pensando nisso, trouxe para você algumas dicas de afirmações que podem passar a fazer parte do seu diálogo interior, no intuito de reduzir a ansiedade e culpa despertadas pela sociedade da exaustão:

"Eu tenho o direito de viver o meu próprio tempo."
"Fazer pausas é indispensável para o meu bem-estar."
"Eu posso dizer não para mim e para os outros, sem me sentir uma pessoa ruim por isso."

"Viver rápido demais pode me fazer perder oportunidades não percebidas."
"A culpa não me faz evoluir, ela me atrasa."

O Burnout é reversível, porém é relevante adotarmos medidas preventivas em nossa rotina como forma de nos protegermos dos riscos dos excessos. Segundo Mendanha (2024), Freundenberger elegeu as seguintes recomendações:

1. seja realista, não se perca na dicotomia desejo X realidade;
2. não seja escravizado pela vontade dos outros;
3. tenha consciência de si, até onde você deve ir;
4. revisite sua infância e reencontre os próprios valores;
5. tenha autoaceitação e autocompaixão;
6. não seja perfeccionista;
7. assuma a responsabilidade, não atribua culpa a quem não a tem;
8. não seja um trabalhador compulsivo (um *workaholic*);
9. cultive laços sociais;
10. cultive atividades prazerosas, divirta-se, pratique atividades físicas.

Além dos indivíduos, as empresas precisam considerar a sua parte diante do funcionamento frenético do mundo. Não há como transferir exclusivamente para as pessoas a responsabilidade pelo autocuidado se os espaços de trabalho não assumirem o compromisso genuíno de serem locais saudáveis para se estar, aprender, criar e produzir. Toda organização precisa encontrar o seu propósito evolutivo, para que as pessoas que pertencem a esse ecossistema sejam impactadas positivamente.

Você deve estar se perguntando quais seriam os principais indicativos de que uma empresa esteja influenciando negativamente, a partir de fontes estressoras contínuas, a saúde mental dos seus colaboradores. Separei uma lista considerável:

- clima de instabilidade de emprego;
- má organização dos fluxos de trabalho;
- exigências crescentes de qualidade mediante recursos insuficientes;
- turnos mal estruturados;
- equipes mal dimensionadas gerando sobrecarga;
- períodos de trabalho excessivamente longos;
- possibilidade de descanso inexistente;
- clima hostil e de inveja;
- desrespeito ao ser humano em sua totalidade, humilhações públicas;
- desprezo à importância das atividades e ideias dos outros;
- excesso de interferências e baixa autonomia;
- falta de alinhamento e confiança entre as pessoas;
- falta de consideração com as emoções.

Certamente, as organizações sempre terão desafios a superar e ameaças a enfrentar. Por isso, faz-se necessário cuidar de quem faz parte delas para que as ameaças se restrinjam ao ambiente externo e não contagiem o ambiente interno. Como as pessoas darão o seu melhor se o ambiente for adoecedor? Como os profissionais sentirão orgulho de onde trabalham e defenderão a marca se o medo for a emoção mais frequente? Como as empresas conseguirão oferecer uma excelente experiência ao cliente externo se não cuidam do básico para a experiência do cliente interno ser tão boa quanto?

Está cada vez mais nítido que o pano de fundo do trabalho dos novos tempos exige de nós mais capacidades psicológicas do que os trabalhadores do passado, bem como exige que as empresas coloquem a sustentabilidade emocional no trabalho como centro das atenções. Nesse sentido, é importante que tanto as organizações como seus colaboradores encontrem um ponto de equilíbrio entre aquilo que o ambiente de trabalho exige dos profissionais e o que realmente as pessoas podem oferecer sem esgotar suas capacidades.

Os problemas decorrentes da falta de saúde mental não escolhem classe social, cargos e ocupações laborais, uma vez que qualquer indivíduo pode ser afetado. Por isso, estimular um ambiente de trabalho saudável, o bem-estar das pessoas e o acesso indiscriminado às práticas de cuidado integral do ser humano deve ser pauta não apenas da área de capital humano, mas também de todos que têm uma influência transformadora no espaço que convivem.

Saúde mental, bem-estar e felicidade são temas que se entrelaçam, porém possuem suas particularidades em si mesmos. É fundamental que as empresas compreendam suas necessidades e como estão direcionando seus esforços para cada uma delas.

A psicóloga, professora e pesquisadora Furtado (2022) apresenta em sua obra o seguinte diagrama para esclarecer a diferença entre eles.

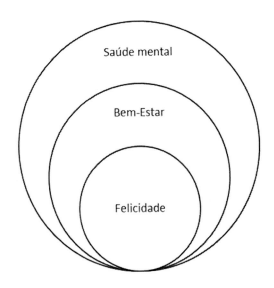

Por saúde mental, entenda-se o estado no qual o indivíduo desenvolve suas habilidades pessoais, consegue lidar com os estresses da vida, trabalha de forma produtiva e encontra-se apto a dar sua contribuição para a comunidade. Por bem-estar podemos considerar um estado dinâmico, que representa o ponto de equilíbrio entre o conjunto de recursos psicológicos, sociais e físicos de um indivíduo e os desafios enfrentados. À medida que os recursos forem menores do que os desafios, o bem-estar será reduzido. E felicidade, para a Psicologia Positiva, é constituída sobre as dimensões hedônica (bem-estar subjetivo, que leva em consideração os afetos) e eudaimônica (bem-estar psicológico, que leva em consideração questões de ordem cognitiva ao se ancorar na importância do sentido e do propósito). Cada campo desse gráfico tem demandas e abordagens específicas.

Ao considerar tudo isso, evidenciamos que não basta o profissional e as empresas investirem apenas em *hard skills* (competências técnicas) consolidadas para ter uma carreira promissora e melhores resultados, pois as *soft skills* (competências comportamentais) têm um peso muito mais significativo nas entregas, no bem-estar e na realização dos indivíduos. Além disso, uma nova nomenclatura começa a transitar entre nós como sendo uma evolução destas últimas, as *human skills*, as quais permanecem como competências comportamentais, porém essencialmente humanas, ou seja, que não serão possíveis de serem executadas por máquinas, mesmo diante do avanço da inteligência artificial que substituirá algumas profissões. Alguns exemplos são: inteligência emocional, empatia, escuta ativa, gerenciamento e mediação e conflitos, comunicação interpessoal e resiliência. Além delas, gostaria de destacar uma grande descoberta, que são as *happiness skills*, habilidades para a felicidade, que têm sua origem em tradições espirituais milenares. São elas: atenção plena, *savoring*, resiliência e generosidade. Quanto mais esses elementos forem cultivados, maior será a vantagem competitiva tanto dos profissionais como das empresas. Observe que tais competências servirão como fatores protetivos e bom funcionamento das pessoas.

Veja como as iniciativas de experiências de desenvolvimento pessoal promovidas pelas empresas nessas *skills* precisam ser cada vez mais valorizadas e propagadas. Ao trabalhar tais competências de forma preventiva e não apenas quando o problema explodir, com experiências de desenvolvimento sistemáticas nos espaços laborais, as empresas estarão contribuindo de maneira estratégica para o fortalecimento das pessoas e, consequentemente, do negócio.

Vale ressaltar que, para que essas ações serem bem direcionadas, é fundamental que as organizações tenham uma base de dados que seja sistematicamente acompanhada e atualizada por meio de indicadores internos, no intuito de consecutivamente diagnosticar, mapear e trazer insumos para intervenções mais certeiras e bem fundamentadas. Eis alguns indicadores de pessoas como sugestão para você ter em sua empresa:

Além destes, pesquisas de clima organizacional e escalas de felicidade são muito bem-vindas para ampliarmos a perspectiva do contexto em que esses profissionais estão inseridos. Portanto, compreender o perfil epidemiológico da empresa, identificando as causas dos resultados desses indicadores, é fundamental e estratégico para que um plano de ação seja idealizado e executado a partir de dados e não por meio de achismos.

Quando fundei a Mudare Desenvolvimento, em 2010, não imaginava o quão longe ela chegaria e todos os projetos que foram criados. Entretanto, quero compartilhar com vocês um dos últimos, que tem como objetivo estimular uma cultura de cuidado com os profissionais nos seus ambientes laborais, por meio de uma jornada de desenvolvimento pessoal que encoraje práticas biopsicossociais saudáveis. O projeto foi carinhosamente nomeado de BEST, um acrônimo que significa bem-estar sustentável no trabalho, o qual possui um método próprio sustentado pelo *framework* FLORIR:

- Fecunde sentido e propósito;
- Lapide sua mente;
- Observe e regule suas emoções;
- Reconecte-se com o seu corpo;
- Influencie um ambiente psicologicamente seguro;
- Reconheça as forças.

A proposta do BEST é que as empresas reservem um tempo para que os seus colaboradores apreciem, aprendam e pratiquem as técnicas oriundas de cada pilar do método citado, unindo diversas teorias que os convidam a penetrarem numa teia dinâmica que sustenta o bem-estar dos profissionais. Trata-se de uma experiência teórico-vivencial robusta, vivida ao longo de meses, com ferramentas de autoconhecimento, escalas de diagnóstico e exercícios grupais, tanto para líderes e liderados, no intuito de um desenvolvimento sistêmico.

Esse projeto nasceu da minha inquietação diante de todo o cenário descrito neste capítulo, a partir dos impactos gerados numa sociedade pós-pandêmica, por acreditar que não podemos ficar de braços cruzados e precisamos contribuir para a transformação das estatísticas anteriormente apresentadas. Afinal, o mundo do trabalho merece ser mais saudável para, consequentemente, tornar o mundo em que vivemos e partilhamos um melhor lugar para se estar.

Com qual frequência você se sente esgotado?

( ) Alta

( ) Média

( ) Baixa

Quais os últimos sinais de estresse que você tem percebido?

No seu corpo:

Em sua mente:

Em suas emoções:

Em seus comportamentos:

O que você tem feito para equilibrar atividades profissionais com atividades pessoais?

Quais são os NÃOS que você precisa passar a dizer para ter mais bem-estar?

De quais rituais ou instantes de autocuidado você não abre mão em sua rotina?

A empresa onde você trabalha atualmente demonstra preocupação e valorização pelo bem-estar e saúde mental dos colaboradores? Quais são as práticas existentes?

CAPÍTULO 3

TRABALHO, FELICIDADE E AUTOCONSCIÊNCIA

"Quem olha para fora sonha,
quem olha para dentro desperta."

Carl Jung

Sócrates defendeu a ideia sobre o autoconhecimento como a base para todos os outros conhecimentos do mundo. E é nesse sentido que o convido a avançar neste capítulo.

Reserve um tempo para olhar mais para dentro de si mesmo e menos para fora. Somos constantemente distraídos pelos estímulos externos e um deles, especialmente, é mestre em nos conduzir sorrateiramente para a vida do outro, nos distanciando das nossas referências internas: as redes sociais. A pesquisa Digital 2023: Globo Overview Report da Data Reportal revelou que o Brasil é o segundo país com mais pessoas que acessam as telas. Eles detectaram que são cerca de 56,6% das horas acordadas em frente às telas, aproximadamente 9 horas por dia.

Sabemos que a tecnologia nos auxilia em vários processos e nos traz inúmeros benefícios para uma vida de maior praticidade. Entretanto, sabe-se também que o uso excessivo de telas e o tipo de conteúdo que consumimos podem gerar grandes prejuízos à saúde física e mental. Por exemplo: quanto mais tela, mais ansiedade. Muitos de nós, independentemente da idade, entramos em contato com as informações que são lançadas e as abraçamos como verdades inquestionáveis. Adquirimos como hábito acompanhar virtualmente as vidas dos outros (o que fazem, o que comem, o que vestem, para onde viajam, onde moram, o que compram...) e acabamos nos esquecendo de nos apropriarmos das nossas próprias vidas e de quem somos. Comparar-se socialmente pode ser gatilho perigoso e uma influência negativa para o nível de felicidade e bem-estar subjetivo. Como afirma Omais (2018), comparar a própria vida com parâmetros estabelecidos por alguém ou então simplesmente com a vida das outras pessoas é um dos piores caminhos para a felicidade.

A partir de uma consciência mais expandida por meio desta leitura, sugiro que você leve todas as suas descobertas para o trabalho e que, consequentemente, você percorra um caminho profissional mais frutífero a partir do fortalecimento do seu referencial interno.

Concordo com o filósofo grego que sem o autoconhecimento não vamos muito longe. Um ser humano desprovido de autoconhecimento é pobre de si mesmo, uma vez que desconhece suas limitações e potencialidades, não percebe seus padrões de resposta, não usa seus recursos internos de forma consciente para o enfrentamento das adversidades e desafios da vida, não busca seu próprio desenvolvimento e expansão, ficando refém das circunstâncias e eliminando qualquer movimento de DEVIR. É alguém desconectado do EU.

Como já abordei no início deste capítulo, ficamos muito mal-acostumados a olhar mais para fora do que para dentro, observamos mais para como os outros funcionam do que para o nosso próprio funcionamento. Entretanto, conhecer a si mesmo, assumir as rédeas da nossa vida é o único caminho para acessarmos a nossa potência.

Vamos juntos, então?

Existem várias formas de ampliarmos a nossa autoconsciência. A partir de agora, compartilharei com vocês algumas que considero interessantes para auxiliar a refinar o seu olhar para dentro e ajudá-lo a experienciar a felicidade em seu trabalho. É hora de abrir a caixa de ferramentas!

Estados mentais

Ao adentramos esta temática, que dizer que tenho duas notícias para você, uma boa e uma má. Vou começar pela má, ok?

Ao longo da história da humanidade o cérebro evoluiu. Certamente, o que conhecemos hoje da nossa capacidade cerebral e dos seus impactos nos comportamentos e em todo o corpo humano não é o mesmo de milhares de anos atrás. Entretanto, mesmo após tantos séculos desde a primeira aparição da espécie humana, carregamos uma herança dos nossos antigos ancestrais: a predisposição para a negatividade. Tanto é que existe uma frase que usamos para caracterizar essa tendência: o cérebro é como velcro para experiências ruins e teflon para experiências boas.

Isso é fácil de compreender se rapidamente conseguirmos nos reportar para aquela época em que o homem não tinha tantos recursos e teve que aprender a identificar o que era o perigo colocando sua vida em risco e o que era amigável e o nutriria para sobreviver. Assim era a realidade do homem da caverna. Com isso, foi passada de geração a geração a necessidade do estado de alerta, já que ora ele poderia ser a caça e ora ele poderia ser o caçador. A partir daí o nosso cérebro foi se desenvolvendo para absorver com mais rapidez e facilidade as experiências negativas e ameaçadoras do que as experiências positivas.

Segundo o neuropsicólogo Hanson (2015), a predisposição negativa está voltada à sobrevivência imediata, mas é contrária à qualidade de vida, aos relacionamentos tranquilos e gratificantes e à saúde mental e física duradoura. Esse é o cenário *default* do cérebro da Idade da Pedra. Se não assumirmos o seu controle, ele continuará a nos dominar.

Portanto, negatividade leva a mais negatividade como num círculo vicioso. Você pode estar se perguntando: "E agora? Somos uma espécie que deu errado? Isso não tem jeito de mudar?".

Agora é a hora da boa notícia! Mesmo diante das características citadas, já é comprovado pelos estudos da Neurociência que nós podemos mudar o rumo dessa história com base no que Jeffrey Schwartz chamou de neuroplasticidade autodirigida. Ou seja, temos a capacidade de tornar o nosso cérebro melhor a partir da nossa mente. A forma como alimentamos nossa mente com determinada frequência fará com que o cérebro entenda que novos circuitos sejam construídos. Portanto, a melhor forma de compensar a predisposição negativa é incorporar ao longo dos nossos dias e com certa regularidade as coisas boas. O nosso cérebro tem a capacidade de mudar até o último dia das nossas vidas.

Imagine que dentro de nós existem dois cérebros, um verde e um vermelho, que funcionam basicamente como dois sistemas operacionais, enquanto um é receptivo o outro é reativo, respectivamente. E o que faz cada um deles ser ativado? A resposta está na forma como você lida com as coisas que lhe acontecem.

Por exemplo, quando você se sente seguro, seu sistema de evitação de danos entra em modo receptivo, trazendo uma sensação de relaxamento e tranquilidade. Quando você se sente satisfeito, a sua abordagem também entra em modo receptivo provocando sensações de alegria, gratidão e realização. Quando você se sente conectado às pessoas, o sistema de apego baixa a guarda e evoca pertencimento, amor e compaixão. Portanto, no modo receptivo, você enfrenta os desafios sem que eles se tornem estressores, uma vez que o seu cérebro não está incomodado com algum perigo, perda ou rejeição. Ele está em repouso. Este é o cérebro verde em ação, revelando um ser humano seguro, satisfeito, confiante, forte, determinado para lutar por objetivos, conectado, pacífico e concentrado. À medida que permanecemos por mais tempo no modo receptivo diante das experiências que nos acontecem, o sofrimento tende a desaparecer com mais facilidade.

Para Hanson (2015) o estado natural de repouso – o modo receptivo do cérebro – está na base da cura psicológica, do bem--estar e da eficácia no dia a dia, da saúde a longo prazo, dos relacionamentos gratificantes e das esferas mais elevadas da potencialidade humana.

Diferentemente desse estado, quando o cérebro vermelho é ativado, um outro cenário surge, que nos remete àquele modo que se desenvolveu para manter os nossos ancestrais vivos. Ficamos em estado de alerta total, buscando identificar se alguma das três necessidades básicas humanas está em perigo: segurança, satisfação e conexão. Quando de alguma forma interpretamos a situação por um viés negativo ou ameaçador, entramos imediatamente no modo reativo, havendo três possibilidades a fazer: fugir, lutar ou congelar. Nessa abordagem, hormônios do estresse, como cortisol e adrenalina, são bombardeados em nossa corrente sanguínea e percepções insuficientes e perturbadoras começam a dominar o indivíduo. A partir daí um ser humano inseguro, medroso, insatisfeito, confuso, agressivo, paralisado, aversivo, inquieto, resistente ou nervoso pode vir à tona. Em casos constantes, crescentes e extremos, esse modo reativo de funcionamento pode representar um fator de risco para transtornos mentais, como é o caso da depressão ou ansiedade generalizada.

    A Filosofia é a mãe da Psicologia, sendo outra fonte de sabedoria preciosa e que podemos somar ao que estamos abordando neste tópico sobre estados mentais, em especial as lições que podemos extrair do estoicismo. Sêneca afirma que o problema não está nas emoções, mas no juízo que fazemos com o que nos acontece, que gera emoções nocivas. Segundo ele, a raiva geralmente é o produto da sensação de sofrer algum tipo de dano. Outro filósofo, Epicteto, citado por Sellars (2023), diz que não basta ser agredido ou insultado para que alguém seja prejudicado, é preciso que a pessoa acredite estar sendo prejudicada. Para ele, se alguém conseguir provocar você, perceba que sua mente é cúmplice dessa provocação. Portanto, os comentários de alguém só podem nos prejudicar se permitimos que a situação nos induza a um estado de raiva. Quando adquirimos essa consciência, teremos mais chances de ativar nosso cérebro verde, que é receptivo, e de controlar o cérebro vermelho, que é instintivo e defensivo. Por isso, é essencial fazer pausas, respirar, esperar um instante e refletir sobre o que acabou de acontecer antes de fazer julgamentos precipitados e agir impulsivamente com o nosso homem interior da Idade da Pedra.

    Em suma, precisamos cuidar da nossa mente da mesma forma como cuidamos de outras áreas do nosso corpo, compreendendo que ela é a chave para muitos desdobramentos favoráveis ou desfavoráveis em nossa vida. Ao enxergá-la como um jardim, compreendendo que o solo (cérebro) é mais fértil para as ervas daninhas do que para flores, precisamos plantar sementes de forças interiores com constância no intuito de estimular e incorporar com frequência o que é bom. Por isso, é fundamental observarmos os padrões de pensamento que estamos cultivando em nosso cotidiano.

Existe um estado mental positivo e defendido pela Psicologia Positiva chamado *savoring*, que inclusive está entre as *happiness skills* citadas no Capítulo 2 e reforça o que estamos abordando aqui. Trata-se de aprendermos a desfrutar e prolongar as experiências que despertam em nós emoções de valência positiva, apreciando e saboreando a potência dos momentos positivos que nos acontecem. Quanto mais estimularmos em nós estratégias de *savoring*, melhoraremos nossas funções adaptativas, tanto em relação a situações agradáveis como diante de situações desafiadoras.

O *savoring* possui basicamente três funções:

1. **prolongar** uma experiência positiva, seja pela recordação do evento, de partilhar o fato ocorrido com alguém, ou da celebração logo após quando ele ocorre;

2. **intensificar** a experiência positiva, bloqueando qualquer distração ou obstáculo que nos tire o foco dela. É demonstrar atenção total ao momento em que está sendo vivida;

3. **promover** uma experiência de *savoring*, quando o evento não existe e pode ser antecipado, criando novas oportunidades a partir da comparação com outros que já ocorreram.

Para que experiências de *savoring* sejam reais, podemos levar em consideração três âmbitos: a apreciação, a antecipação e a reminiscência. Como cita a professora Furtado (2022, p. 106) em seu livro *Feliciência*, quando faz uma menção a obra de Bryant:

> Embora *savoring* seja um processo para o aqui e agora, há experiências positivas que partem do passado (*savoring* por reminiscência) e experiências que vêm do futuro (*savoring* por antecipação). Quando as pessoas invocam ativamente sentimentos positivos ou relembrar podem estar usando processos de apreciação para examinar o passado. Quando as pessoas invocam ativamente sentimentos positivos ao antecipar o que pode ou vai acontecer no futuro, elas podem estar usando processos de *savoring* para considerar o futuro.

O importante é que essas experiências tenham sentido imediato para quem as vive, além de uma consciência verdadeira do que está sendo processado a partir de determinados estímulos, sejam eles externos ou internos.

Uma das formas de estimular o *savoring* é a prática da gratidão sistemática, como também o encantamento, a admiração e o deleitamento a partir do que as experiências positivas nos provocam. Se você deseja se aprofundar nessa temática, sugiro mergulhar nos estudos do pesquisador Fred Bryant, precursor desse tema nos EUA.

Os estudos da Neurociência já comprovaram que, para o nosso cérebro incorporar o que é bom e estabelecer novos circuitos neuronais a partir dessas vivências positivas, precisamos reter as sensações causadas pelas boas experiências por no mínimo 10 segundos, mantendo-as vivas em nossa consciência. E isso pede de nós presença! Em um mundo em que somos bombardeados por notícias ruins e múltiplos estímulos digitais, precisamos aprender a nos concentrar nas experiências positivas e explorar todas as possibilidades sensoriais e cognitivas para apreendermos melhores estados mentais.

Contudo, quais flores você precisa começar a cultivar no jardim da sua mente a partir de agora?

Ative o HERO em você e na sua equipe.

Você já pode ter ouvido falar em capital humano como também em capital intelectual, mas sabe o que significa capital psicológico? Esse tema dialoga muito bem com o item anterior, uma vez que auxilia o nosso cérebro a se tornar melhor por meio de uma mente mais auspiciosa.

Trata-se de um estado de desenvolvimento psicológico positivo do ser humano, representado pelo acrônimo HERO. Esse tipo de capital nos revela quatro componentes fundamentais para que nós, seres humanos, possamos ter nossas reservas interiores mais fortalecidas para enfrentarmos as vicissitudes da vida e consequentemente extrairmos o melhor das situações, por mais difíceis que elas pareçam. À medida que os traços HERO são potencializados em nós, teremos maiores chances de acessarmos estados mentais positivos e oferecermos melhores soluções e respostas com inteligência emocional. Em relação ao trabalho, há uma influência direta na felicidade e no desempenho.

- **H** (*hope* – esperança): a teoria de Snyder define este elemento como o pensamento direcionado a objetivos. Trata-se da autodeterminação em delinear objetivos e manter estratégias para alcançá-los (objetivos, rotas e agenciamento). Quando as pessoas possuem um alto nível de esperança, elas acreditam profundamente que o resultado que desejam alcançar está num futuro próximo que a elas pertence. Portanto, elas se movem para tornar isso real.

- **E** (*efficacy* – autoeficácia): a crença de que uma pessoa tem capacidades para mobilizar recursos e obter resultados. Pessoas com autoeficácia acreditam em si mesmas, não se autodepreciam. Snyder e Lopez (2009) apontam que a autoeficácia é um padrão de pensamento aprendido e não geneticamente herdado. Ela começa na infância e continua durante a vida toda. Reforçam, ainda, o que Bandura propôs como antecedentes evolutivos da autoeficácia: recorrer à fonte de pensamentos positivos ao lembrar do sucesso de situações anteriores, imaginar a si próprio se comportando de maneira eficaz e ser reforçado/convencido verbalmente por pessoas especializadas e confiáveis são alguns deles.

- **R** (*resilience* – resiliência): capacidade de se recuperar e se adaptar após adversidades, mantendo equilíbrio e responsabilidades, ou seja, apresentando uma resposta comportamental positiva e dando continuidade à sua trajetória mais fortalecido.

- **O** (*optimism* – otimismo): aptidão emocional e cognitiva responsável pelas expectativas do futuro. Acreditar em um desfecho favorável e positivo. Saber extrair o que há de bom das experiências. Na teoria de Seligman sobre otimismo aprendido, o otimista lida com eventos ruins fazendo atribuições externas a ele, enxergando a situação de forma passageira e com um impacto específico e não generalizado.

Eis algumas perguntas para estimular os quatro componentes do HERO em você:

ESPERANÇA – Eu acredito que é possível chegar aonde quero? Traço caminhos para chegar lá? Quando alguma porta se fecha ou quando recebo um não como resposta, como me possibilizo para expandir minhas possibilidades?

AUTOEFICÁCIA – Eu acredito que sou capaz? Quais são os meus recursos internos, conhecimentos, habilidades e atitudes que tenho para lidar com essa situação ou desafio?

RESILIÊNCIA – Quais comportamentos e atitudes tenho diante de adversidades? Com qual velocidade eu costumo me levantar após uma queda, uma decepção ou frustração?

OTIMISMO – Como explico as situações que acontecem? Pela lente da positividade ou da negatividade? Creio que as coisas vão degringolar ou que darão certo? Quando faço uma ponte para o futuro, como eu o vejo?

Pode-se afirmar que empresas que possuem colaboradores com um capital psicológico bem desenvolvido certamente têm uma vantagem competitiva em mãos, uma vez que isso impacta diretamente o desempenho dos profissionais. O capital psicológico refere-se ao que o indivíduo pode se tornar. Portanto, é um convite para o desenvolvimento pessoal e mais um dos caminhos oferecidos pela Psicologia Positiva para acessarmos a nossa potência.

Necessidades do ego X desejos da alma

Durante o processo de desenvolvimento psicológico e formação da nossa identidade como seres humanos, entramos em contato com um mundo que vai nos apresentando experiências que são responsáveis por dar forma ao nosso repertório interno. Passamos de uma tábula rasa a um ser que aprende, que pensa, que sente, e com isso adquirimos necessidades humanas a serem preenchidas.

O psicólogo Maslow desenvolveu em 1943 a teoria das motivações humanas, na qual apresenta em uma pirâmide uma hierarquia de cinco diferentes necessidades dos indivíduos, desde as mais básicas até as mais complexas. Tanto eu como você já sentimos essas necessidades ao longo da nossa existência. Na base encontra-se a necessidade fisiológica, como alimento, descanso, conforto físico. Em seguida, temos a necessidade de segurança, que abrange a nossa liberdade, segurança física, segurança psicológica, ausência de guerras ou de riscos que coloquem em xeque o nosso bem viver. A terceira necessidade, situada no meio da pirâmide, é a social, a qual diz respeito a sermos capazes de estabelecer laços, vínculos, seja com família, amigos, colegas de trabalho, sentir que pertencemos a uma comunidade, uma "tribo". A quarta necessidade é denominada de estima, a qual envolve respeito, valorização e reconhecimento dos outros. E a quinta, situada no topo da pirâmide, é a necessidade de autorrealização, sendo caracterizada por autonomia, crescimento e desenvolvimento pessoal, quando nos sentimos úteis, capazes de enfrentar desafios e deixar um legado.

Todas elas existem em nós, entretanto, não são acessadas simultaneamente. Precisamos começar da base da pirâmide até chegarmos ao topo. Ou seja, precisamos garantir inicialmente questões básicas de ordem fisiológica para em seguida avançarmos para o outro nível de necessidade e assim sucessivamente. Não há como pular etapas! À medida que suprimos tais necessidades nos movimentamos e nos expressamos no mundo.

Existem, ainda, sete estágios de desenvolvimento psicológico, na seguinte ordem:

1. Sobrevivência
2. Conformidade
3. Diferenciação
4. Individuação
5. Autorrealização

6. Integração
7. Serviço

Como afirma Barret (2019, p. 23):

> Maslow se referiu às necessidades associadas aos primeiros estágios de desenvolvimento psicológico como deficitárias, e as necessidades associadas aos três últimos estágios de desenvolvimento psicológico como necessidades de crescimento ou do ser. De uma perspectiva psicológica, as necessidades dos primeiros três estágios correspondem às necessidades do ego, e as necessidades dos últimos três aos desejos da nossa alma.

Barret avançou nos estudos e estabeleceu a partir de então um outro modelo: os sete níveis de consciência de Barret. Fazendo um paralelo entre as duas teorias, funciona da seguinte forma:

Hierarquia das necessidades de Maslow	Níveis de consciência de Barret
5. Necessidades de autorrealização	7. Serviço 6. Fazer a diferença 5. Coesão interna
4. Necessidades de estima	4. Transformação
3. Necessidades sociais	3. Autoestima
2. Necessidades de segurança	2. Relacionamento
1. Necessidades fisiológicas	1. Sobrevivência

Fonte: adaptado de Barret, 2019

Os três primeiros níveis de consciência existem para o atendimento das necessidades do ego, enquanto os últimos três níveis se referem aos desejos da alma. O item 4 funciona como uma ponte de transformação entre esses dois mundos.

O nível 1 de consciência tem como prerrogativa satisfazer as necessidades psicológicas de sobrevivência, tendo como desafio sobreviver e permanecer saudável. O nível 2 requer que necessidades de pertencimento sejam preenchidas, de se sentir amado e respeitado, tendo como desafio manter-se seguro e leal aos seus iguais. O nível 3 está relacionado a satisfazer a necessidade de se sentir bem em relação a você mesmo, ter orgulho da própria performance e se sentir reconhecido pelos outros – nesse caso, o desafio é se tornar excelente naquilo que você faz de melhor. O nível 4 tem como direção explorar quem você é, satisfazendo a necessidade de autonomia, liberdade e independência por meio do desenvolvimento dos seus talentos únicos. Nesse caso, o desafio é abrir mão de condicionamentos externos que não lhe servem mais. O nível 5 tem como necessidade descobrir o seu eu autêntico e encontrar significado para a sua vida, tendo como desafio alinhar-se completamente com quem você é para que você possa se tornar tudo o que é capaz e atingir seu potencial. O nível 6 tem como necessidade realizar o seu senso de propósito por meio da colaboração com outros para fazer a diferença no mundo. O nível de consciência 7, o qual representa o ápice, é alcançado quando você dedica sua vida a um serviço altruísta na busca do seu propósito e do bem-estar da humanidade.

Vale salientar que, da mesma forma como funciona a dinâmica com as necessidades apontadas por Maslow funciona o caminho pelos sete níveis de consciência, pois são gradativos. Não há como alcançar os desejos da alma, sem antes passarmos pelas necessidades do ego. O risco que acontece com muitos indivíduos é que paralisam nas questões do ego e não avançam para outros níveis de consciência, os quais os levariam a um estado mais fluido e elevado do ser. Quando você não consegue atender os desejos da alma, costuma experimentar uma instabilidade interna, tendo em vista que é nesse nível que se encontram o bem-estar, a realização e a alegria, uma vez que você conseguirá preencher motivações humanas de conexão, contribuição e autoexpressão, as quais o fazem expandir e crescer como pessoa.

Conheça os seus valores

Sabe quando você está passando por um momento complicado e precisa tomar decisões difíceis, de impacto significativo tanto na sua vida como na vida de terceiros? Pois é... são nesses momentos que precisamos recorrer aos nossos valores.

Valores são como bússolas norteadoras que temperam o nosso jeito de ser no mundo, eles revelam o que consideramos importante. Valores são ingredientes que formam a nossa identidade e, portanto, eles se são expressos por meio dos comportamentos que apresentamos.

Uma vida significativa passa por reconhecermos e seguirmos alinhados aos nossos valores, como afirma Barret (2019), o seu sucesso em levar uma vida conduzida por um senso de propósito depende em grande medida de sua capacidade de levar uma vida conduzida por valores.

Mas antes de ajudá-lo a encontrar quais seriam os seus valores, é importante esclarecer que existem dois tipos: os valores positivos e os valores potencialmente limitantes. Talvez você tenha se surpreendido com essa informação e esteja se perguntando: "Mas não existem apenas valores bons?". A resposta para a sua possível dúvida é não. Vamos aprofundar um pouco mais esse assunto a partir de agora.

Segundo os estudos de Barret (2017), todos os valores e comportamentos humanos são motivados por necessidades específicas e cada necessidade está alinhada com um dos sete níveis de consciência. Em qualquer momento, quaisquer que sejam os valores que estivermos focando nas nossas vidas, eles refletem as necessidades da consciência pessoal, a partir das quais estamos operando. Isso funciona tanto para as pessoas como para as organizações.

Os valores positivos ou nobres podem ocorrer em todos os níveis da consciência, já os valores potencialmente limitantes ocorrem apenas nos três primeiros níveis de consciência, uma vez que estão ligados às necessidades do ego.

Logo abaixo, você poderá observar a alocação desses valores de acordo com os níveis de consciência:

Níveis de consciência	Valores/comportamentos positivos	Valores/comportamentos potencialmente limitantes
7. Serviço	Responsabilidade social, gerações futuras, compaixão, perspectiva de longo prazo, sustentabilidade.	n.a.
6. Fazer a diferença	Consciência ambiental, colaboração, realização dos funcionários, parcerias.	n.a.
5. Coesão interna	Confiança, comprometimento, honestidade, integridade, entusiasmo, paixão.	n.a.
4. Transformação	Adaptabilidade, *accountability*, criatividade, aprendizado contínuo, trabalho em equipe, crescimento pessoal.	n.a.
3. Autoestima	Produtividade, eficiência, qualidade, crescimento profissional, excelência, ordem.	Burocracia, confusão, centralização, retenção de informações, mentalidade de silo, status, hierarquia.

Níveis de consciência	Valores/comportamentos positivos	Valores/comportamentos potencialmente limitantes
2. Relacionamento	Comunicação aberta, amizade, lealdade, satisfação do cliente, cuidado com o outro, reconhecimento.	Acusação, competição interna, manipulação, ciúmes, traição.
1. Sobrevivência	Estabilidade financeira, lucro, saúde e segurança, crescimento organizacional, prosperidade.	Controle, cautela, caos, foco de curto prazo, ganância, aversão a riscos, falta de escrúpulos.

Fonte: Barret, 2017, p. 81

Barret também aborda os valores mencionados por tipologias, pois existem valores que retratam comportamentos individuais (comprometimento, honestidade, criatividade, status, cautela...), outros que revelam comportamentos relacionais (compaixão, confiança, trabalho em equipe, comunicação aberta, acusação, competição interna, manipulação...), outros que estão associados a comportamentos organizacionais (perspectiva de longo prazo, produtividade, eficiência, saúde e segurança dos funcionários, ordem, crescimento organizacional, burocracia, hierarquia, caos, politicagem...) e outros que falam de comportamentos sociais (responsabilidade social, gerações futuras e consciência ambiental).

Quando conseguimos identificar quais valores são predominantes e nos guiam em determinados momentos da nossa rotina, naturalmente perceberemos o nível de consciência que estamos acessando naquele instante, bem como se a forma como estamos revelando tais valores fala de um lugar interno que é positivo ou limitante.

Com isso exposto, você consegue pensar quais são os valores que melhor o representam neste momento? E, principalmente, como você os aplica no cotidiano profissional? Eles estão contribuindo ou atrapalhando o seu processo de evolução? São mais positivos ou limitantes? A partir da prática desses valores, qual nível de consciência correspondente você está operando no momento? Os seus valores dialogam bem e se harmonizam com os valores organizacionais de onde você trabalha?

Modelo PERMA

Não há como estimulá-lo a florescer sem falar no PERMA, um outro modelo que tem origem na Psicologia Positiva e que traz cinco elementos sustentadores da teoria do florescimento humano. Segundo Furtado (2022, p. 25):

> Florescimento é a expressão máxima do potencial que cada um de nós carrega em si e que está li pronto para existir, precisando apenas de condições essenciais, assim como uma semente necessita de solo, um pouco de água e luz para germinar. Os aspectos do PERMA constituem os nutrientes ideais para o devir, para passagem de potência a ato.

Para Fredrickson, florescimento é viver dentro de uma faixa de ótimo funcionamento que contemple crescimento e resiliência. Seligman (2011) encoraja todas as pessoas a florescerem por meio do PERMA, o qual tem como objetivo aumentar o bem-estar e as possibilidades de florescimento por meio do acrônimo: emoções positivas (*positive emotions*), engajamento (*engajament*), relações (*relashionships*), sentido (*meaning*) e realizações (*acomplishments*). Cada elemento pode ser mensurado separadamente:

- **P** (emoções positivas) – embora a Psicologia Positiva compreenda a importância da inteireza e de que todas as emoções possuem suas funções, inclusive uma função evolutiva na história da humanidade, essa ciência ressalta que emoções de valência positiva precisam ser predominantes no balanço das experiências da vida para que possamos florescer. Elas podem ser cultivadas e provocam saúde, longevidade, pois têm uma influência direta em nosso sistema imune, abrem as portas ao potencial criativo, bem como expandem a capacidade de memória e modulam a reação a fontes estressoras ajudando numa recuperação mais rápida aos eventos adversos.

- **E** (engajamento) – é constituído por vigor (energia vital), concentração (atenção) e dedicação (absorção). Portanto, é a capacidade de permanecer atento, consciente e compenetrado com a experiência. O tempo parece parar, nos envolvemos e concentramos intensamente. É estado de presença. Este elemento dialoga muito bem com os estudos sobre FLOW.

- **R** (relações) – ressalta a importância de nutrirmos relacionamentos saudáveis e positivos, nos quais apoio, compaixão, admiração, confiança e bondade sejam presentes. O que seria de nós sem essas relações, não é mesmo? Dificilmente conseguimos florescer em um ambiente tomado por toxicidade. Portanto, é preciso zelar por relações que nos fazem bem e nos engradecem.

- **M** (sentido) – ter um propósito é pertencer ou servir a algo maior do que nós mesmos. Uma vida sem sentido é dilacerante, um trabalho sem sentido é sufocante, sendo necessário encontrar o nosso propósito em nossa passagem por aqui, extraindo significados valorosos das mais diversas experiências com que nos deparamos na vida.

- **A** (realizações) – as pessoas precisam se sentir úteis e perceber que estão alcançando seus objetivos. Quando somos subutilizados, geralmente nos sentimos desvalorizados. Realizar significa vencer, conquistar, mesmo que nem sempre isso seja acompanhado de emoções positivas, uma vez que superar desafios ou consolidar mudanças importantes exige de nós autodeterminação e autodisciplina e muitas vezes precisaremos fazer correções, ajustar os passos para não perder de vista o objetivo. Mesmo diante de contratempos e do esforço além do habitual, a jornada vai ganhando força à medida que a nossa autoimagem como seres realizadores se torna real. Definir metas relevantes e se mover para torná-las concretas é algo motivador, assumindo a posição de protagonista e deixando de lado o papel de mero espectador da vida.

Mais recentemente, cogita-se o acréscimo de mais uma letra ao modelo, para que se torne PERMAV, sendo a letra V a representação da vitalidade, a partir dos cuidados com a saúde física.

Aproprie-se das suas forças de caráter

As forças de caráter fazem parte de uma das teorias da Psicologia Positiva, ciência que estuda e intervém para o florescimento de indivíduos, grupos e instituições. E elas passam a ganhar ainda mais relevância com o PERMA, modelo citado anteriormente, uma vez que foi comprovado que o uso das forças impulsiona cada elemento.

Todos nós possuímos caráter, a partir de graus variados e traços que são admirados e valorizados pelas outras pessoas. Podemos denominar esses traços de forças de caráter, as quais são qualidades humanas responsáveis pelo nosso bem viver. Para Niemec (2018), são características positivas centrais para o nosso ser (identidade) e o nosso fazer (comportamento). Sendo assim, são partes positivas da nossa personalidade.

Esse estudo foi resultado de vários anos de pesquisa, envolvendo mais de 50 cientistas, liderados por Christopher Peterson e Martin Seligman, ao estudarem diferentes países e culturas no que se referia às qualidades que eram universalmente valorizadas. Foram abordadas dezenas de milhares de pessoas nos distintos continentes, inclusive em lugares mais remotos e ásperos do planeta.

Com os avanços nesse campo de estudo, compreendeu-se que os seres humanos possuem seis virtudes (sabedoria, coragem, humanidade, justiça, temperança e transcendência). Desde a época dos filósofos gregos e teólogos, as virtudes são uma temática abordada para uma vida mais edificante. Entretanto, os cientistas da Psicologia Positiva chegaram à conclusão de que existem caminhos para tais virtudes, os quais são as forças de caráter, expressas nos diferentes domínios da nossa vida, seja no trabalho, nos relacionamentos familiares ou sociais, bem como quando praticamos alguma atividade física ou de estudo. Você sabia que quando os profissionais usam suas forças de caráter no trabalho eles veem o trabalho como um chamado? Ou seja, aplicar as suas forças em suas atividades laborais proporciona uma relação mais significativa com aquilo você faz profissionalmente.

Segundo Niemec (2021, p. 34):

> Quando as expressamos em nossos pensamentos e ações, a pesquisa indica que temos a tendência de nos sentirmos mais felizes, mais conectados e mais produtivos. O que é particularmente notável sobre as forças de caráter é que elas podem contribuir para o seu bem-estar pessoal, com a qualidade de seus relacionamentos e com a sua comunidade como um todo.

Ao todo dispomos de 24 forças de caráter, as quais podem ser didaticamente divididas em forças da mente e forças do coração. Forças mentais são mais cognitivas, analíticas e estão baseadas na lógica e no raciocínio. Já as forças do coração são alicerçadas por sentimentos, intuições e relacionamentos. Vale salientar que essas categorias servem como uma referência à direção que as forçam se inclinam mais, entretanto, não são exclusivamente mentais ou do coração, uma vez cada uma delas tem um pouco de elementos mentais e emocionais.

Todas elas são importantes e influenciam nossa forma de enxergar e interagir no mundo, bem como de realizar nossas entregas. Elas servem tanto para os momentos bons e mais fáceis da vida como para quando as coisas não vão bem e usamos as forças para nos trazer mais equilíbrio e capacidade de enfrentamento. Portanto, você ainda tem dúvidas de que não é essencial conhecer suas forças?

Logo abaixo, as forças de caráter estão apresentadas em um quadro como forma de ajudá-lo a conhecê-las, bem como identificar com qual virtude estão diretamente associadas.

Virtude	Forças de caráter
Sabedoria	Amor ao aprendizado; critério; curiosidade; criatividade; perspectiva.
Coragem	Bravura; perseverança; integridade; vitalidade.
Humanidade	Amor; generosidade; inteligência social.
Temperança	Autorregulação; humildade; perdão; prudência.
Justiça	Liderança; trabalho em equipe; imparcialidade.
Transcendência	Apreciação da beleza e excelência; gratidão; humor; espiritualidade; esperança.

Fonte: a autora

Que tal conhecer um pouco mais cada uma delas e quais comportamentos as caracterizam? Seguirei a ordem que estão posicionadas no quadro. Ressalto que isso não representa a ordem de prioridade ou relevância, já que todas importam.

1. **Amor ao aprendizado**: ter domínio de novos assuntos, conhecimentos e habilidades. Demonstra vontade de aprender e busca por meios formais ou informais o aprofundamento do conhecimento. Valoriza o saber, coloca-se na posição de aprendiz, pois a busca pelo conhecimento é fonte de grande motivação. É capaz de integrar todos os elementos que se sabe sistematicamente, fazendo conexões importantes para uma nova prática. Quando bem

utilizada, esta força aumenta a eficácia e competência naquilo que se propõe realizar.

2. **Critério**: tem relação com o pensamento crítico, com o discernimento. Refletir sobre as coisas, analisar a situação, ponderando os prós e os contras, antes de tirar conclusões precipitadas. O contexto é avaliado com base em fatos e dados, sendo capaz de mudar de opinião a partir de evidências. Desta forma, isso ajuda a resistir a sugestões inconsistentes e manipulação.

3. **Curiosidade**: quando a mente está aberta e interessada pelas experiências. É explorar, investigar e descobrir como as coisas e pessoas são e funcionam. Esta força nos ajuda a encontrar o que há de novo e diferente, além de acolher com mais facilidade as novidades.

4. **Criatividade**: é ser original, fazer para além do que o senso comum entrega. Pensar em formas inovadoras ou incrementar o que já existe para trazer soluções. Demonstra flexibilidade cognitiva e desejo de fazer diferente. É encontrar oportunidades onde os outros veem apenas ambiguidade ou ameaças. Combina ideias e faz nascer algo novo.

5. **Perspectiva**: conseguir olhar para o mundo e as situações de uma forma mais ampla, de maneira a fazer sentido para si e para os outros. É capaz de ouvir as pessoas e lidar com diferentes pontos de vista, extraindo reflexões e aprendizados sobre diferentes ângulos. Sabe dar conselhos devido à sua visão multidimensional.

6. **Bravura**: está relacionada à valentia para ser e agir. Não recuar diante de ameaças ou dificuldades. Sabe correr riscos, defende o que é correto e fala o que é preciso mesmo em situações mais delicadas. Inclui a bravura física, psicológica e moral. É energia mobilizadora para a superação.

7. **Integridade:** falar a verdade, ser honesto, agir com sinceridade e assumir a responsabilidade por pensamentos, sentimentos e ações. É sobre ser autêntico e não se deixar influenciar pelas condutas de outras pessoas.

8. **Perseverança:** é terminar o que começa. Persistir em executar o plano, mesmo diante dos obstáculos ou contratempos. Sente prazer pela conclusão de tarefas e não se abala por fracassos ou problemas no meio do caminho. Não procrastina.

9. **Vitalidade:** demonstrar energia vital, encarar a vida com ânimo. A essência desta força está no entusiasmo pela vida e por tudo que acontece que nos gera satisfação. Esta força está diretamente relacionada com engajamento, comportamento de saúde e satisfação no trabalho.

10. **Amor:** valoriza relacionamentos e vínculos, principalmente quando há reciprocidade e cuidado mútuo, portanto, tanto cuida como aprecia ser cuidado. Sabe acolher, apoiar, demostrar afeto. É capaz de amar e permite ser amado.

11. **Generosidade:** fazer favores não é incômodo. Doação é a palavra-chave. Revela atitude altruísta, compaixão, solidariedade e gentileza pelos outros. Preocupa-se em ajudar as pessoas a solucionar problemas e contribuir com o bem-estar dos outros.

12. **Inteligência social:** estar ciente das próprias emoções e motivações bem como dos outros. Sabe como agir em diferentes situações sociais, interage com a diversidade humana de forma inteligente. Demonstra habilidade empática para compreender, interagir, influenciar e se relacionar com as mais diferentes pessoas.

13. **Autorregulação:** diz respeito à capacidade de autocontrole, de regular as próprias emoções e comportamentos.

Ter autodisciplina, saber controlar impulsos e desejos. Resistir a seduções e adiar gratificações. É fazer uso moderado das coisas, separando a vontade da ação, zelando pelo limite saudável.

14. **Humildade**: esta força permite que as próprias realizações falem por si, não se considerando mais especial do que se é. Envolve autoavaliação precisa, reconhecendo as próprias qualidades e limitações, sendo o ponto de equilíbrio exato entre a arrogância e a autodepreciação. Não se deixa cair nas armadilhas do ego. É capaz de admitir seus erros e suas fraquezas.

15. **Perdão**: ter capacidade de perdoar aqueles que um dia transgrediram com você. Dar uma segunda chance, não tendo a necessidade de ser vingativo. Refere-se à habilidade de visitar as próprias falhas e falhas alheias para ressignificar o olhar e a partir daí uma nova história ser escrita, sem ficar preso a emoções negativas geradas pela transgressão que causou o mal-estar.

16. **Prudência**: ser cuidadoso em relação às escolhas que faz na vida, evitando correr riscos desnecessários. Não dizer ou fazer coisas que gerem um arrependimento posterior. É ser cauteloso e ponderado.

17. **Liderança**: influencia positivamente os outros, encorajando-os a perseguir uma visão, fazer coisas e alcançar objetivos de forma conjunta, mantendo uma relação saudável com os envolvidos e acompanhando a realização das atividades. É bússola norteadora do grupo, sendo exemplo, mantendo a coesão grupal e tomando as decisões necessárias para a prosperidade de todos. Sabe inspirar e mobilizar.

18. **Trabalho em equipe**: trabalha bem como membro de um grupo, sem necessidade de se sobressair. É proativo e colaborativo, tendo a consciência da sua parte para o todo

funcionar bem. Engaja-se nos esforços coletivos desde o planejamento até a execução. Esta força desperta em nós a consciência social por meio da vontade de unir forças e talentos em torno de um objetivo comum.

19. **Imparcialidade**: trata as pessoas sem demonstrar predileções. Não permite que afinidades ou sentimentos pessoais interfiram em suas decisões ou desdobramentos sobre os outros. As relações são pautadas por raciocino moral, respeitando regras e tomada de decisão justa.

20. **Apreciação da beleza e excelência**: sabe observar, contemplar e apreciar a beleza nas mais diferentes experiências e áreas da vida. É ver o belo por trás das coisas que nos cercam, para além do óbvio, assim, valorizamos as experiências vividas.

21. **Gratidão**: diz respeito a ser consciente e grato pelas coisas que acontecem com você. É captar e reconhecer os benefícios que a vida proporciona independentemente das circunstâncias. A gratidão gera uma mentalidade abundante no lugar da mentalidade de escassez.

22. **Humor**: diz respeito a gostar de rir e fazer os outros sorrirem. É ver o lado leve da vida. O humor passa pelas emoções do divertimento e alegria. Pode ser expresso de várias formas, seja por meio de palavras, gestos, histórias e movimentos faciais. É uma das forças mais associadas à felicidade e satisfação da vida.

23. **Espiritualidade**: refere-se a ter crenças acerca de um propósito maior e construir a vida alicerçada em significado. É saber onde você se encaixa dentro do grande todo. Ter fé na fluidez da vida e que as coisas acontecem devido a um porquê que está para além do óbvio ou dos nossos interesses particulares.

24. **Esperança:** esta força nos convida a esperar pelo melhor futuro e trabalhar para alcançá-lo. É uma esperança ativa, a partir do momento que se acredita que o futuro é algo que pode ser construído por meio das próprias iniciativas e crenças pessoais. Ela nos impulsiona a criar caminhos e estabelecer novas rotas diante de obstáculos para alcançarmos o futuro que idealizamos. Tem relação direta com o otimismo.

E então, após fazer um passeio conceitual pelas forças de caráter, você se identificou mais com umas do que com outras? Isso é natural! Cada um de nós possui as forças posicionadas em um ranking, desde a mais frequente e presente em nosso cotidiano até a menos acessada. Algumas delas são consideradas nossas forças de assinatura por serem mais essenciais e espontâneas a cada um de nós, outras são intermediárias e situacionais, enquanto outras, por estarem menos ativas, estão nas últimas posições do ranking.

Mas como saber qual o seu ranking? Existe um teste no Instituto VIA que mapeia nossas forças de caráter e nos esclarece como se encontra o nosso resultado na circunstância que foi preenchido o questionário. Entretanto, é importante salientar que não basta fazer o teste e engavetá-lo sem uma análise e orientação adequada por parte de um profissional devidamente qualificado para ajudá-lo neste caminho de autoconhecimento e desenvolvimento pessoal.

Desde 2016, quando fiz minha primeira formação em Psicologia Positiva, percebi o quão fantástica é essa ciência que nos faz valorizar o que somos e o que temos de qualidades humanas ao invés de focarmos apenas em nossos *gaps* e faltas.

De lá para cá, adquiri outras certificações que me ajudaram a aprofundar meu olhar especialmente na teoria das forças de caráter e zelar pela aplicação e condução adequada desse conhecimento valioso que merece ser tratado com rigor e seriedade. Portanto, cuidado para não ser levado por modismos e abordagens rasas quando o assunto é desenvolvimento humano.

Conhecer as suas forças e se apropriar delas é uma decisão importante. Elas são recursos naturais que movem a sua energia interna. Se você deseja tornar o seu trabalho um campo para florescer e trilhar uma carreira mais autêntica, procure fazer daqui em diante uma associação das suas forças com as suas atividades profissionais e alcance os melhores resultados.

O tal do propósito

Não há como pensar em felicidade e trabalho se não abordarmos uma palavra ultimamente tão disseminada: "propósito".

Desde já quero reforçar que a intenção não é gerar ansiedade para que você encontre o seu propósito logo após a leitura desse livro como um passe de mágica, pois não é assim que funciona. O propósito é descoberto vivendo, caminhando, como todo processo que merece entrega e um encontro consigo mesmo e aos significados que damos ao que nos acontece.

Para avançarmos sobre esse tema, quero compartilhar duas histórias. A primeira é a de um turista que foi conhecer a Itália e, ao passar por um canteiro de obras onde havia muitos operários trabalhando, decidiu parar e abordar um deles fazendo a seguinte pergunta:

— O que você está fazendo?

— Estou assentando tijolos!

O turista seguiu andando por mais alguns metros, deparou-se com outro pedreiro e fez a mesma pergunta.

— O que você está fazendo?

E o segundo pedreiro disse:

— Estou construindo uma parede!

Ao caminhar um pouco mais, ele resolveu parar pela terceira vez e perguntar ao um outro operário da obra o mesmo questionamento:

— O que você está fazendo?

E o rapaz respondeu:

— Estou construindo uma catedral para louvar a Deus!

A segunda história acontece na NASA, durante uma visita de um antigo presidente da república dos EUA. Quando ele e toda a sua equipe conheciam os setores e percorriam os corredores da imponente empresa, de repente passaram por um colaborador responsável pela limpeza do local. O então presidente decidiu parar e abordar o rapaz com a seguinte pergunta:

— Olá! Qual o seu trabalho neste lugar?

O rapaz voltou o olhar para o presidente e respondeu com um sorriso no rosto:

— Senhor presidente, o meu trabalho é ajudar a levar o homem até a Lua!

O que essas duas histórias têm em comum? O tal do propósito!

Propósito está relacionado a como nos conectamos com as vivências, é quando ampliamos a perspectiva sobre o que fazemos e como vivemos, atribuindo um significado maior que fará toda a diferença na experiência, independentemente de ser uma tarefa mais desafiadora ou repetitiva ou mesmo diante de tempos difíceis. Quando encontramos o propósito no que fazemos, passamos a dar uma conotação mais cheia de sentido e a partir dessa visão é que vamos delineando nossa relação com o mundo, inclusive com o trabalho.

Para nos distanciarmos de um trabalho alienado, precisamos do propósito. Para nos sentirmos pertencentes a algo ou a algum lugar, precisamos do propósito. Para deixarmos nossa marca de forma consciente e levarmos o melhor da nossa autoria para as atividades que desempenhamos, precisamos do propósito. Em suma, a conexão com um propósito é fundamental para a construção de uma caminhada profissional mais cheia de significado e menos robotizada.

Pensando nisso, faz-se necessário, numa primeira instância, que eu questione qual significado você dá ao seu trabalho hoje. Existem três possibilidades. A primeira é enxergar o seu trabalho com um emprego, a segunda é quando você o percebe como uma carreira e a terceira possibilidade é quando você o vê como uma vocação. Saiba que, de acordo com a lente atribuída, essa relação vai se descortinar ao longo da sua vida profissional. Vamos entender como isso influencia a sua história com o trabalho.

Quando você considera o seu trabalho como um emprego, a sua relação está mais voltada para suprir as necessidades de subsistência, de sobrevivência. Você se mantém neste trabalho exclusivamente pelo salário e geralmente faz o que faz por obrigação para garantir que não lhe falte o básico, como se não tivesse outra escolha. Certamente é uma relação mais penosa e de constante espera pelo fim do turno, ou pelo começo das férias ou do próximo feriado ou até mesmo pela aposentadoria. Aqui o trabalho é visto como um fardo.

Quando você enxerga o seu trabalho como uma carreira, é como se você se motivasse a atuar como um alpinista, numa escalada pelo crescimento e desenvolvimento, obtendo recompensas ao longo desse percurso. Seu combustível é ser reconhecido, é progredir, avançar para um cargo superior, ganhar performance e se alavancar profissionalmente.

Quando você percebe o seu trabalho como vocação, você atribui uma importância a ele para além dos ganhos tangíveis e materiais, considerando-o como um chamado ou uma parte significativa da sua identidade por saber que por meio dele você deixa uma forte contribuição para a sociedade, para o mundo. Nesse caso, existe uma profunda conexão afetiva com o que se faz.

Diante de estudos feitos a partir dessas três visões, foi descoberto que a perspectiva dominante na vida de uma pessoa influencia diretamente seu bem-estar geral, bem como o modo como acaba se saindo no trabalho a longo prazo. Certamente, profissionais com a mentalidade de vocação sabem o impacto que o seu trabalho causa e por isso tendem a ser mais entusiastas e movidos por um propósito, superando as adversidades com mais facilidade que outras pessoas.

Sinek (2017) nos convida a encontrar o nosso propósito profissional por meio do encontro com o nosso porquê no trabalho. Branco (2022) corrobora com essa ideia quando diz que carregar pianos pesados todos os dias sem lembrar por que estamos fazendo isso só vai gerar dores nas costas e descontentamento. Mas lembrar que o piano está sendo levado para um lindo concerto muda tudo e nos dá propósito. E, por fim, o psiquiatra e pai da logoterapia, Frankl (2020), traz uma citação emblemática de Nietsche em um dos seus livros, que diz que quando temos um porquê suportamos quase qualquer como. Cortella (2016) reforça que eu estou tão de passagem como o meu primeiro emprego. Mas não é porque estou de passagem por esta vida que vou deixar de vivenciar a experiência com maior densidade enquanto aguardo uma coisa melhor. Essa experiência que tenho aqui me faz, ela me forma e eu a faço. Eu dou sentido a ela. Portanto, como cita Bem-Shahar (2022), quando há um sentimento de significado e de propósito naquilo que fazemos, o caminho para superar as dificuldades torna-se menos intimidador. Com muita frequência, conectar-se com propósito é o que faz a diferença entre a fragilidade e a antifragilidade: entre desabar e ficar mais forte, entre o desespero e o otimismo.

Quando encontramos o nosso porquê compreendemos de forma muito mais profunda o que nos motiva e o que nos inspira a acordar todos os dias e levantar da cama por uma determinada causa. O porquê é o nosso propósito, que está por trás de toda organização ou pessoa e que faz com que ela se mova no mundo. Para isso, precisamos ir além do discurso sobre o que fazemos ou como fazemos para chegar à essência sobre por que fazemos o que fazemos.

Uma forma de imbuir propósito em suas atividades profissionais é começar a completar algumas afirmativas a seguir:

Sou apaixonado por _____
_____.
O meu trabalho é importante pois _____
_____.
Por meio do meu trabalho eu ajudo os outros a _____
_____.

O maior impacto que causo com o meu trabalho é _____
_____.

Se o meu trabalho deixar de existir, as pessoas perderão _____
_____.

Hora do check-up – Escala de Percepção de Sucesso na Carreira (EPSC)

Para concluirmos este capítulo, que teve como foco o autoconhecimento, convido você a responder um check-up para avaliar o atual estado da sua carreira a partir de uma escala construída e validada por Luciano Venelli Costa, em sua tese de doutorado, depositada em 2010 e defendida em 2011 na Faculdade de Economia, Administração, Contabilidade e Atuária da Universidade de São Paulo (FEA-USP) sob orientação do renomado professor doutor Joel de Souza Dutra. A ferramenta foi aplicada a uma amostra de 942 pessoas no Brasil. A percepção de sucesso na carreira é a interpretação da pessoa sobre suas realizações em relação às diversas dimensões da carreira, tanto de natureza objetiva como de natureza subjetiva.

A escala EPSC foi criada para ser aplicada a qualquer profissional, a única ressalva é em relação às pessoas que ainda estão no início da sua vida profissional, com menos de cinco anos de experiência, pois para esse grupo de pessoas alguns itens da pesquisa não farão sentido.

Ao responder às questões da escala, seja honesto com você, reflita verdadeiramente sobre cada questão apresentada. Todas as questões a seguir devem ser respondidas levando em consideração a SUA interpretação sobre as SUAS realizações em relação à carreira, ou seja, à sequência de posições ocupadas e de trabalhos realizados até este momento em sua vida profissional. Não se prenda a um tipo de trabalho específico que você desenvolve hoje e sim a todo o seu progresso profissional e a todos os trabalhos desenvolvidos até o atual momento da sua carreira, incluindo trabalhos voluntários.

A intenção é que esse processo de autoavaliação contribua para um cair em si mesmo e o mobilize a fazer as mudanças necessárias para você assumir as rédeas da sua história profissional, dar atenção aos itens que precisam ser cuidados e aproximá-lo de estados mentais e emocionais mais positivos no trabalho.

Logo abaixo estão listadas várias frases com percepções que você pode ter em relação a sua carreira, seu trabalho e sua vida pessoal ligada ao trabalho. Para cada item, você deve escolher e escrever, entre os parênteses, um grau entre 1 e 5 conforme você discorda totalmente (1) ou concorda totalmente (5). Veja a legenda:

1 – Discordo totalmente	2 – Discordo	3 – Nem discordo nem concordo	4 – Concordo	5 – Concordo totalmente

1. ( ) Encontro soluções criativas para problemas que aparecem em minhas atividades profissionais.
2. ( ) Tenho recebido recompensas justas comparadas com as de outras pessoas que conheço (não só da minha área).
3. ( ) Apresento ideias fora do comum.
4. ( ) A remuneração que recebo por minhas atividades profissionais é justa, pelo que já investi na carreira.
5. ( ) Minha carreira me permite desfrutar a vida fora do trabalho.
6. ( ) Os trabalhos que tenho desenvolvido são cada vez mais complexos.
7. ( ) Coopero com a gestão dos negócios em que estou envolvido.
8. ( ) Minha carreira é ética.
9. ( ) Tenho uma vida equilibrada.

10. ( ) Tenho orgulho do que faço profissionalmente.
11. ( ) Tenho uma clara identidade profissional construída ao longo da minha carreira.
12. ( ) Meu(s) trabalho(s) é(são) importante(s) para a(s) organização(ões) onde atuo.
13. ( ) Minha carreira é reconhecida pelos meus amigos e familiares.
14. ( ) Tenho construído bons relacionamentos durante a carreira.
15. ( ) Tenho atingido as metas de desempenho com competência.
16. ( ) Hoje atuo em níveis hierárquicos coerentes com minha capacidade.
17. ( ) Estou tranquilo sobre meu futuro quanto às minhas necessidades financeiras e materiais.
18. ( ) Ajudo meus colegas de trabalho.
19. ( ) Sinto-me feliz com minha vida profissional.
20. ( ) Posso ser considerado um profissional de competência diferenciada.
21. ( ) Os desafios que enfrento no trabalho são coerentes com minhas competências.
22. ( ) Tenho estabilidade em minha vida profissional.
23. ( ) Os trabalhos que executo compreendem grande variedade de tarefas.
24. ( ) Estou constantemente aprendendo e me desenvolvendo em minha carreira.
25. ( ) Tenho criado inovações importantes durante minha carreira profissional.

26. ( ) Não tenho violado meus valores enquanto exerço minha carreira.
27. ( ) Estou tranquilo quanto a ter um trabalho no futuro.
28. ( ) Tenho uma boa rede de contatos profissionais.
29. ( ) Eu e as equipes com quem trabalho temos alcançado resultados de sucesso juntos.
30. ( ) Minha carreira é compatível com minhas vocações.
31. ( ) Tenho sucesso nas avaliações das minhas competências.
32. ( ) As oportunidades de promoção que vejo pela frente são coerentes com meus interesses.
33. ( ) Sou feliz com minha vida pessoal/familiar.
34. ( ) Sou competente na realização das minhas atividades profissionais.
35. ( ) Os clientes das minhas atividades profissionais reconhecem meu trabalho.
36. ( ) Meu trabalho gera efeitos positivos na sociedade.
37. ( ) Tenho alcançado minhas metas de nível hierárquico (ou cargos) em minha carreira.
38. ( ) Os trabalhos que desenvolvo atualmente em minha carreira exigem um alto nível de competência.
39. ( ) Tenho controle sobre as fronteiras entre meu tempo pessoal, da família e do trabalho.
40. ( ) Sou reconhecido pelos meus superiores.
41. ( ) Minha carreira tem impacto positivo na comunidade.
42. ( ) Sou reconhecido pelos colegas de trabalho.
43. ( ) O prestígio (ou status) profissional da minha posição hierárquica está de acordo com os meus interesses.

44. ( ) Meu(s) trabalho(s) é(são) útil(eis) para a vida de outras pessoas.
45. ( ) Tenho várias oportunidades de trabalho disponíveis.
46. ( ) Meus colegas de trabalho me ajudam.
47. ( ) Sou importante onde atuo.
48. ( ) Minha renda supre minhas necessidades e as dos meus dependentes.

Muito bem! Agora chegou a hora de apurar o resultado da sua escala e interpretar o resultado. Para tanto, você precisa compreender que a escala está dividida em 11 fatores, que são:

Fator	Itens relacionados
Identidade: revela o quanto a carreira faz sentido à pessoa como expressão do seu ser, trazendo-lhe felicidade e reconhecimento das pessoas próximas.	11, 13, 19, 22 e 30
Competência: revela o quanto a pessoa se sente competente no que faz, o quanto se diferencia em termos profissionais.	15, 20, 21, 31, 34 e 35
Desenvolvimento: revela o quanto a pessoa percebe que seu trabalho é cada vez mais desafiante, desenvolvendo-se como profissional.	6, 7, 23, 24 e 38
Contribuição: revela o quanto a pessoa percebe que a sua carreira contribui com a sociedade.	12, 36, 41, 44 e 47
Cooperação: revela o quanto a pessoa se considera bem-sucedida no trabalho em equipe.	14, 18, 29, 42 e 46
Criatividade: revela o quanto a pessoa se percebe criativa profissionalmente.	1, 3 e 25
Empregabilidade: revela o quanto a pessoa se sente segura em relação a ter oportunidades de trabalho.	27, 28 e 45

Valores: revela o quanto a pessoa percebe que respeita seus valores enquanto desenvolve sua carreira, trabalhando de forma ética e com orgulho.	8, 10 e 26
Hierarquia e promoção: revela o quanto a pessoa está satisfeita com seu sucesso em termos de posição hierárquica e promoções obtidas na carreira.	16, 32, 37, 40 e 43
Remuneração: revela o quanto a pessoa se percebe bem-sucedida em termos de recompensas financeiras obtidas na carreira.	2, 4, 17 e 48
Equilíbrio vida-trabalho: revela o quanto a pessoa está satisfeita com sua capacidade de lidar com os desafios de desenvolver a carreira e aproveitar a vida pessoal.	5, 9, 33 e 39

Fonte: Siqueira, 2014

Sabendo disso, agora some o resultado dos itens correspondentes a cada fator e em seguida tire a média de cada um deles para avaliar o resultado final. Por exemplo: no fator identidade some suas respostas e depois divida pela quantidade dos itens presentes nesse fator (5 + 4 + 4 + 5 + 3 = 21), depois pegue o resultado da soma e divida pela quantidade de itens (21/5 = 4,2). Nesse caso, o resultado do fator identidade foi 4,2.

Perceba que a quantidade de itens varia por cada fator, portanto, você deve ficar atento na hora de fazer a média para chegar ao resultado final de forma correta. Quando chegar à média de cada fator, você deve colocar na coluna resultado, e na coluna classificação você deve indicar se aquele valor corresponde a um fator baixo (quando a média é inferior a 2,0), um fator médio (quando a média está entre 2,1 e 3,9) ou um fator alto (quando a média foi acima de 4,0).

Mãos à obra! Preencha a tabela a seguir para você conferir o seu resultado:

Fator	Resultado	Classificação
Identidade		
Competência		
Desenvolvimento		
Contribuição		
Cooperação		
Criatividade		
Empregabilidade		
Valores		
Hierarquia e promoção		
Remuneração		
Equilíbrio vida-trabalho		

Quais foram os seus valores mais altos? Quais foram os seus valores mais baixos? Ciente do resultado, essa ferramenta pode trazer alguns insights para você adotar estratégias e tornar sua carreira mais saudável e sustentável diante dos fatores críticos, bem como idealizar ações de sustentação para zelar pelos fatores que já são favoráveis. Aproveite as tabelas a seguir para fazer esse exercício.

FATORES CRÍTICOS (classificados como baixos):	AÇÕES PARA MODIFICAR:
FATORES DE ALERTA (classificados como médios):	AÇÕES PARA MELHORAR:
FATORES FAVORÁVEIS (classificados como altos):	AÇÕES PARA MANTER:

CAPÍTULO 4

TRABALHO, FELICIDADE E RELAÇÕES HUMANAS

"A confiança que depositamos nas pessoas e em organizações provém, em parte, de se acreditar que elas se importam."

Stephen Covey

No capítulo anterior, quando apresentei a teoria do PERMA, vimos que uma das letras que nos faz florescer diz respeito às relações, mas não é qualquer relação, e sim aquelas marcadas por traços de relacionamentos positivos, saudáveis. Além disso, novamente essa temática foi exaltada quando apresentei as três dimensões do trabalho, sendo uma delas a social. Lembra? Por isso, fiz questão de reservar um capítulo exclusivo para aprofundarmos o assunto.

Quando faço uma retrospectiva dos trabalhos que fui convidada a realizar em diferentes empresas, de portes e segmentos distintos e espalhadas pelo Brasil, o tema relações interpessoais geralmente apareceu. Seja por uma demanda dos profissionais precisarem compreender e praticar verdadeiramente a identidade de uma equipe, seja para líderes melhorarem sua forma de lidar com as pessoas em seu em torno. Quantas vezes já ouvi a seguinte frase: "Ele(a) traz muitos resultados, é alguém de alta performance, porém deixa muito a desejar na forma de se relacionar com os outros." ou: "A equipe precisa melhorar o nível de confiança entre eles!".

Para Aristóteles (328 a.C.), o homem é, por natureza, um animal social; um indivíduo que é natural e não acidentalmente antissocial, ou está abaixo de nossa percepção ou é mais do que humano. A sociedade é, na natureza, algo que precede o indivíduo.

Aquele que não consegue viver em comunidade ou que é tão autossuficiente que não precisa fazê-lo e, portanto, não participa da sociedade, ou é uma fera ou um deus.

Somos seres sociais, portanto, umas das nossas necessidades básicas gira em torno das conexões que estabelecemos, diante do desejo de sermos amados ou de pertencermos a um grupo ou comunidade. Desde que nos entendemos por gente precisamos uns dos outros para sobreviver. Muito provavelmente, um recém-nascido não sobrevive no mundo sem o suporte, amparo e afago de outro ser humano. É como se a vida nos sinalizasse a partir dos nossos primeiros dias de existência que criar vínculos e possuir uma rede de apoio é essencial para a nossa formação e passagem no mundo. Entretanto, contraditoriamente, muitas relações no âmbito profissional são construídas de forma desastrosa, gerando mais desconexões do que conexões.

Em um mundo globalizado, no qual a cultura de teia está mais forte do que nunca, não há como os relacionamentos não serem considerados algo estratégico. Portanto, eles são importantes não apenas para a nossa constituição como humanos, mas também porque precisamos deles para realizarmos feitos extraordinários e de uma forma mais ágil.

Um estudo feito durante muitas décadas pela Universidade de Harvard observou que o elemento unânime que contribuía diretamente para o bem viver era ter a possibilidade de compartilhar a vida com pessoas significativas ao longo da história, saber que tinham com quem contar.

O termo "conexão" ficou muito usual nas últimas décadas, pois geralmente o atribuímos à qualidade do Wi-Fi da área que estamos. Quer ver uma pessoa angustiada nos dias de hoje? Tire a possibilidade de ela usufruir de internet e, consequentemente, perder todas as possibilidades de conexão. Entretanto, embora isso seja algo importante nos dias atuais, não é a essa conexão que estou fazendo alusão, e sim à conexão real, do olho no olho, do estado de presença que permite perceber os reais sentimentos, pensamentos e comportamentos dos outros. Portanto, a conexão a que faço referência é marcada por interações significativas, as quais são facilmente sentidas pelos indivíduos quando demonstram interesse, cuidado e entrega nas relações. Com isso não quero dizer que as verdadeiras conexões não incluem as experiências virtuais, entretanto, exigem de nós um maior esforço para fazer valer o estado de presença.

Durante muito tempo, as relações no trabalho foram estimuladas a apresentar um caráter estritamente profissional. E como isso foi interpretado pelas pessoas? Relacione-se com seus colegas exclusivamente para a divisão das tarefas e alcance dos objetivos, sem ultrapassar essa fronteira, caso contrário, você corre um grande risco de ser engolido pelo monstro que há no universo da vulnerabilidade humana. Com isso, muitos de nós fomos nos tornando rígidos e engessados no tocante a como construir os relacionamentos nos espaços laborais, somado ao estímulo da competitividade interna, que distanciou ainda mais parceiros de trabalho.

Vivemos e transitamos em diferentes campos sociais, sejam as relações familiares, as relações amorosas, as relações fraternas ou as relações profissionais no ambiente de trabalho, o qual será o campo sobre o qual nos debruçaremos neste capítulo para compreender como as conexões são constituídas e como impactam a felicidade de quem trabalha. O que torna um campo social fértil, rico e frutífero dependerá do nível de consciência daqueles que nele operam. E é aí que reside a esperança ou o perigo, pois, por sermos seres sociais, somos influenciadores e influenciáveis. Naturalmente o contágio social é atuante e presente em nossas vidas, em nossas relações, onde quer que estejamos, e impactam diretamente nossos pensamentos, sentimentos e atitudes. Portanto, se trabalhamos em um local dominado por mentes tóxicas ou crenças profundamente limitantes ou em uma cultura em que a desconfiança, os conflitos e mal-entendidos são comuns, muito provavelmente sofreremos os efeitos disso. Da mesma forma, se atuamos em um ambiente com elevado nível de consciência e valores morais nobres, seremos estimulados a agir como tal.

A partir disso, é essencial nos mantermos vigilantes e aprendermos a identificar como as limitações cognitivas e sociais podem estar nos influenciando para que não sejamos escravizados por elas.

Portanto, pensar sobre o que se pensa é um exercício válido antes de tomarmos como verdades absolutas o que surge nos grupos de que fazemos parte e nos prendermos a julgamentos precipitados.

Aronson (2023) cita alguns motivos sociais que nos ligam uns aos outros e que variam, em seu grau de importância, de acordo com a cultura, bagagem de vida, personalidade e circunstâncias que atravessam:

- **Pertencimento** – de todas as necessidades humanas de caráter social, a de pertencer a um grupo, uma tribo ou comunidade é uma das mais importantes e comuns. Percebemos isso quando demonstramos desejo de criar vínculos e estabelecer conexões cheias de significado ou quando ficamos ansiosos para nos encaixar em um determinado grupo. Isso é tão relevante para a nossa espécie que, quando nos sentimos excluídos, em nosso cérebro são disparados alarmes que fazem com que o sofrimento tenha traços semelhantes de quem sofre algo no corpo, ou seja, a dor social equivale à dor física. Durante o período vivido por nós na pandemia de COVID-19, percebemos os efeitos desastrosos do isolamento social. Uma nova e estranha condição de vida nos foi imposta: a falta de convívio com quem estávamos habituados, a presença solitária da desconexão social em nosso cotidiano. Consequentemente, por não preenchermos uma das mais importantes necessidades humanas, muitos de nós adoeceram, pois as relações são fonte de regulação emocional. É por meio das comunidades que nos sentimos como parte, não ficamos no limbo. Com isso, vamos nos construindo como sujeitos, a partir da criação de crenças, costumes, vivendo rituais que trazem sentido ao bem viver, assim como nos conectamos emocionalmente uns aos outros;

- **compreender os outros e predizer com precisão** – por uma necessidade de segurança e estabilidade, conhecer os outros e passar a compreender como eles funcionam é uma maneira de maior conforto para nós, humanos. Quando não conseguimos ter algumas certezas ou fazer leituras sobre com quem nos relacionamos, isso nos enche de incertezas sobre como devemos agir diante dessas pessoas, o que desperta em nós sentimentos de irritabilidade, insegurança e um maior grau de estresse. Para nós, é como se fosse melhor ter uma certeza ruim ou dolorosa do que a falta de dados e informações. Estabelecer relações honestas, transparentes, nas quais as pessoas possam ser autênticas é fundamental para administrarem melhor as entregas e os impactos;

- **controle** – passa pela sensação de que tudo está em nossas mãos, de que temos a competência necessária por analisarmos e tomarmos as decisões e, consequentemente, fazermos as coisas acontecerem do nosso jeito. A partir da necessidade de autonomia suprida e da percepção de que detemos do domínio da situação, traz de uma forma imediata o bem-estar. O problema disso, com o passar do tempo, é nos tornarmos pessoas muito rígidas, apresentando dificuldades de abrir mão de algo. A sensação da falta de controle é desagradável e, ao longo do tempo, se torna pouco saudável, trazendo constantes picos de estresse. Por isso, é interessante que os profissionais enxerguem quais as experiências e responsabilidades que estão sob o seu controle, que se concentram em sua zona de influência, para agirem dentro desse território, no lugar de acreditarem ilusoriamente que têm o controle sobre tudo. Afinal, por mais que nosso cérebro tenha evoluído bastante, ainda não temos a capacidade de sermos onipresentes, oniscientes e onipotentes;

- **ter importância** – os seres humanos gostam de reconhecimento, de serem admirados, de possuírem uma reputação importante e positiva ou, ainda, um status social na comunidade em que atuam. Isso se resume à necessidade de serem valorizados. Querem que as suas vidas tenham importância, seja para a família, para os amigos ou para o mundo. Quando falamos sobre deixar um legado, sobre os profissionais validarem uns aos outros ao destacarem suas qualidades e seus resultados, sobre as pessoas se sentirem necessárias na cadeia de valor de um negócio, estamos falando deste tópico;

- **confiança** – por questões básicas de sobrevivência, precisamos confiar uns nos outros. Isso torna as relações mais agradáveis, simples e estáveis. Nós possuímos uma necessidade de que os outros possam assegurar a nossa segurança e nos tratar com bondade, a ponto de, quando o contrário acontece, nos sentirmos desapontados, decepcionados e traídos, passando a ter uma visão que o mundo é um lugar injusto e perigoso para se estar. A falta de confiança gera profundas rupturas nas conexões humanas e, como somos seres sociais, precisamos que a presença deste elemento seja uma constante em nossas vidas, evitando a solidão e o ostracismo.

Arronson (2023) afirma que fazemos o melhor quando sentimos que pertencemos, quando podemos predizer os resultados, quando temos a liberdade de escolher e de estar no controle, quando nosso trabalho nos faz nos sentirmos úteis e quando confiamos em nossos entes queridos e colegas. Portanto, quando as pessoas acreditam em coisas que não são verdadeiras ou fazem coisas que parecem loucura, geralmente é porque esses motivos sociais principais sofreram alguma distorção.

Aproveitando que o elemento confiança foi trazido como um dos principais motivos sociais que perpassam as relações, quero compartilhar um conhecimento que considero bastante útil para que você fortaleça sua credibilidade pessoal e impacte positivamente suas conexões de uma forma mais consciente a partir de agora. Covey (2017) afirma que, para sermos confiáveis conosco e com outros, precisamos desenvolver quatro dimensões em nossa forma de ser e agir no mundo.

Dimensão 1: Integridade. Gosto muito de uma frase que Covey diz ao fazer alusão aos comportamentos de integridade questionável: "são as coisas pequenas, um dia qualquer, uma fraqueza ou um ato desonesto, isso é o que enfraquece gradualmente e corrói a credibilidade". Portanto, a integridade envolve tanto questões referentes a honestidade e ética quanto praticar o que se prega demonstrando coerência. É, ainda, ser alguém autêntico, que age de forma alinhada com seus valores nobres e princípios, sem se deixar corromper ou sem querer corromper os outros.

Dimensão 2: Intenção. Representa os motivos pelos quais fazemos o que fazemos. Quanto mais esses motivos forem claros e demonstrarem benefícios mútuos, maior será a chance de confiarmos uns nos outros. Pessoas de intenções duvidosas geralmente pensam mais em beneficiar a si mesmas, suas razões são mais egocêntricas do que ecocêntricas, não se preocupam com o bem-estar coletivo e pensam mais em atender exclusivamente suas próprias vontades. A partir daí, desconfiamos de tudo o que elas dizem.

Dimensão 3: Capacitação. Diz respeito às habilidades que você tem em sua área de atuação e que inspiram confiança, uma vez que denotam domínio e respaldo técnico, aprofundamento de conhecimentos, destreza no fazer e estilo profissional que transmite segurança. Portanto, investir no seu desenvolvimento pessoal e profissional é fundamental, não apenas para acumular títulos, mas também para demonstrar verdadeiramente como todo o saber está sendo transformado em uma prática refinada. Esta dimensão funciona como um meio consistente para o alcance de objetivos e para a reputação profissional.

Dimensão 4: Resultados. A quarta dimensão está diretamente relacionada às realizações dos profissionais. Portanto, pessoas de bons desempenhos costumam ser bem avaliadas pelos outros, devido à sua alta capacidade de fazer acontecer. Quanto melhor for a produtividade, postura proativa e solucionadora de um profissional, mais admirado ele tende a ser pelos que o cercam, despertando confiança na execução de suas entregas.

Para Covey (2017), tanto a integridade quanto a intenção são relativas ao caráter das pessoas, já a capacitação e os resultados compõem a competência. Perceba que as quatro dimensões são importantes, pois a confiança só se consolida quando caráter e competência caminham juntos. Não adianta o profissional demonstrar uma retidão de caráter se não tiver a competência necessária para fazer suas entregas e realizar atividades e projetos que demandam sua dedicação e expertise, e vice-versa. Por exemplo, um médico demonstra ser bastante justo com o preço da sua consulta, parece ser alguém muito agradável no contato e bem-intencionado, porém ainda não dá sinais de domínio em sua área de atuação. Será que seus pacientes confiariam no tratamento indicado por ele ou decidiriam por algum procedimento cirúrgico feito por ele? Dificilmente, não é mesmo? Da mesma forma, se um vendedor de uma empresa tem uma larga vivência em sua área profissional, transmite "ser o cara", é um exímio batedor de meta, porém deixa a desejar no tocante ao caráter, pois seus resultados são alcançados a qualquer custo, não se importa com os meios, não demonstra escrúpulos, para ele o que vale é o objetivo atingido. Será que ele pode ser considerado confiável apenas pelos números que apresenta?

Portanto, se deseja melhorar o nível da sua credibilidade, comece a refletir sobre como cada dimensão está sendo percebida pelos outros e cuidada por você. Desta forma, terá maiores possibilidades de estabelecer relações em que a confiança seja um elemento marcante. Equipes fortes carregam em sua dinâmica de funcionamento a confiança como um ingrediente indispensável, como diz Simon Sinek, um time não é um grupo de pessoas que trabalham juntas, é um grupo de pessoas que confiam umas nas outras.

Em ambientes de trabalho marcado pela confiança podemos evidenciar alguns comportamentos como:

- as informações são compartilhadas sem receios;
- as pessoas são leais aos que estão ausentes;
- existe uma comunicação constante, cultura de feedback;

- cooperação verdadeira;
- alto nível de responsabilidade;
- os diálogos são estabelecidos com franqueza, transparência e os problemas são trazidos para a mesa;
- erros são tolerados e encorajados, estimulando uma cultura de aprendizagem e ousadia;
- existe muita energia vital entre os membros;
- minam qualquer sinal de ameaça interna que venha a fragilizar a equipe e se unem para combater os riscos eminentes ou ameaças que vêm de fora.

Um outro tópico que quero trazer à tona é se você sabe diferenciar relações saudáveis de relações tóxicas. O termo "tóxico" vem sendo bastante utilizado nos contextos corporativos, portanto, considero importante esclarecer os traços que distinguem essas interações sociais no trabalho, por meio do quadro a seguir, ao destacar os comportamentos mais evidentes, com base num compilado de estudos e na minha observação ao longo de mais de 20 anos nas diferentes empresas.

Relações saudáveis	Relações tóxicas
Empatia, compaixão, gratidão, perdão, atitude colaborativa, confiança, respeito, autenticidade, comunicação assertiva, aprendizagem mútua, reconhecimento, responsabilidade compartilhada, inteligência social, o "nós" ao invés do "eu".	Julgamentos, culpabilização, comparações excessivas, dificuldade de lidar com pensamentos divergentes, desconfiança, defensividade, desprezo, reatividade, comunicação violenta, manipulação, jogos de poder, violação da dignidade do outro, sequestro emocional, individualismo.

Fonte: a autora

Stephen Karpman, psicólogo americano dos anos 1970, colocou em evidência um modelo que nos faz pensar sobre dinâmicas perigosas nas relações, envolvendo três personagens. Trata-se de um jogo psicológico que pode ser vivido entre duas ou mais pessoas, o qual ele denomina de triângulo dramático. Ao assumirmos um desses papéis em nossas relações, estamos correndo riscos de entrarmos em relações nada saudáveis e muito desgastantes. Segundo essa teoria, a toxicidade nas relações instala-se quando as pessoas se tornam prisioneiras desse triângulo infernal e não conseguem sair dele. Elas são corresponsáveis pela instalação e manutenção dessa situação, que é prejudicial a todos.

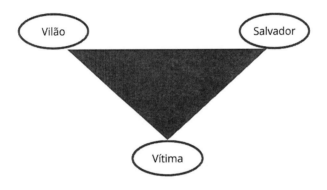

O vilão/perseguidor: possui um sentimento de superioridade em relação ao outro, pois é um procurador intransigente, que pretende sempre saber o que é justo ou adequado e o que não é. Ele quer mostrar esse saber, provando que tem necessariamente razão por via de uma relação de dominação. Além disso, ele controla permanentemente, critica o outro, desvaloriza e sanciona, como um carrasco.

O salvador: baseia-se na ideia, por vezes fundamentada, mas quase sempre errada, de que uma pessoa necessita imperativamente de socorro e não pode de maneira alguma se virar sozinha. No fundo, percebe-se em posição de superioridade, mesmo não sendo expert no assunto. Então, ele vai decidir o que é bom para a pessoa e querer ajudá-la mesmo sem que ela tenha pedido e, às vezes, contra a sua vontade. Pode funcionar como um colega de trabalho ou uma liderança possessiva e sufocante.

> **A vítima:** tem um sentimento de inferioridade, pois não confia realmente em si mesma por conta da baixa autoestima. Por vezes, rebaixa suas próprias qualidades ou as nega, considerando-se alguém que sempre precisa de assistência. Desta forma, pode oscilar a se submeter aos outros, sendo obediente às diretrizes, ou se mostra aborrecida, pouco cooperativa diante do que é proposto. É um papel que atrairá um salvador com desejo de protegê-la e prestar ajuda e um vilão que demonstrará comportamentos mais agressivos com ela.

Fonte: Adaptado de Monnet, 2022

Os três papéis podem ser desempenhados consecutivamente pelos diferentes protagonistas, a depender do contexto de cada situação. Portanto, o salvador pode se tornar vítima, a vítima passar a ser o perseguidor e este último pode se tornar o salvador.

Para evitar essa ciranda adoecida, que bloqueia dinâmicas mais fluidas e saudáveis, é fundamental ampliar a autoconsciência se você está nutrindo, muitas vezes inconscientemente, um ou dois desses papéis em suas interações. Romper com esse triângulo é fundamental para as relações se tornarem fonte de maior bem-estar, assumindo um lugar consciente, ativo e saudável em suas conexões e, também, antes que você tenha perdido a esperança e apresente dificuldades de restaurar a confiança nas relações humanas.

Quero concluir meu pensamento neste capítulo exaltando a relevância da escuta nas relações para experienciarmos mais produtividade em nossos encontros e conexões. Em um mundo tão acelerado, parece que estamos com dificuldade de pararmos e ouvirmos o outro atentamente. É como se não tivéssemos mais tempo para isso. Aparentemente, muitas pessoas se preocupam mais com o falar do que com o escutar. Acredito que muitos dos problemas das interações humanas se concentram na baixa predisposição de escuta, uma vez que muitos de nós vão para os diálogos com algo já preconcebido sem dar a chance de ouvir genuinamente o que os outros têm a dizer.

Ouvir é diferente de escutar. Ouvir algum som, vibrações ou palavras e repeti-los não significa que você escutou. O escutar envolve o ouvir, porém exige de nós outros atributos que denotam uma atitude participativa durante o encontro com a pessoa e o conteúdo que é trazido. Escutar passa por compreender e interagir, atrelando significado ao que é dito.

Por inúmeras vezes, participei de reuniões com meus clientes em que observei salas cheias de pessoas, porém vazias de conexões. Muitos egos se digladiando, numa guerra interna para saber quem estaria com a razão, colocando suas vaidades acima das necessidades da empresa, ou pessoas altamente desinteressadas e indiferentes às falas dos outros, ora mexendo no celular, interagindo em suas redes sociais ou rascunhando planos para temáticas que seriam tratadas em outras reuniões. Essa cena é semelhante a algo que você já viveu ou vive?

A Dale Carnegie Training (2022) identificou sete tipos de ouvintes, conheça-os e veja se você já agiu como um deles.

1. **O distraído**: alguém que fica batendo os dedos, olha para o relógio, mexe no celular e, desta forma, revela que não demonstra atenção em quem fala. Pode ser do tipo da pessoa multitarefa, que não consegue se aquietar e escutar, passa a impressão de estar com pressa o tempo todo.

2. **O de corpo presente**: aquele que sonha acordado em vez de prestar atenção. Está fisicamente no ambiente, mas com a mente devaneando para outros lugares. Não demonstra expressão facial, pois não está conectado com o aqui e agora do diálogo.

3. **O intrometido**: geralmente está à espera de uma brecha para entrar em cena e falar sua opinião, mesmo sem ser convidado para tal. Gosta de adivinhar o que o outro vai dizer e prontamente dá um palpite. Basta o interlocutor dar uma pausa que este perfil entra em ação. Ele não está necessariamente ouvindo e prestando atenção ao que está sendo dito, pois o que mais o norteia é a necessidade de completar frases que ainda estão sendo elaboradas pelos outros.

4. **O indiferente:** a falta de interesse é o que marca esse tipo de ouvinte. Sua linguagem corporal deixa claro o quanto não se importa com o que está sendo dito. Demonstra pouca emoção enquanto escuta.

5. **O combativo:** escuta para coletar informações com a intenção de usar contra o interlocutor e não para compreender o que está sendo dito. Costuma ser rude, grosseiro e ríspido em suas colocações, como se estivesse o tempo todo armado e a postos para a guerra. Em seu conteúdo há muita culpabilização, ameaças e punições.

6. **O terapeuta:** coloca-se no papel de conselheiro por acreditar que é um ótimo ouvinte e que tem uma solução para as dificuldades que o outro está passando. Gosta de analisar o que o outro fala e resolver seus problemas, mesmo não tendo habilidades técnicas para isso.

7. **O engajado:** escuta com atenção consciente, demonstra presença, faz contato visual e procura se colocar no lugar de quem está expressando a mensagem. Faz perguntas e, ao demonstrar o quanto se importa e que está conectado com o outro, naturalmente acaba por estimular o aprofundamento do diálogo, fazendo que o outro desenvolva as ideias e encontre as próprias soluções.

Entre os sete estilos, o mais eficiente costuma ser o engajado, por mais que ninguém consiga sê-lo o tempo todo.

De acordo com uma pesquisa feita pela empresa americana Zenger Folkman (2022), as principais características de ouvintes notáveis são: concentrar-se no outro, participar de diálogos dando sugestões, saber receber críticas e proporcionar um ambiente seguro e empático.

Scharmer (2018), professor do Instituto de Tecnologia de Massachusetts (Massachusetts Institute of Technology – MIT), reforça esse pensamento quando diz que a qualidade da minha escuta molda o desenrolar da conversa.

Em seu modelo sobre a teoria U, no qual aborda maneiras de estar presente e como se relacionar com o mundo, ele exalta a importância da escuta. Inclusive ele chega a afirmar que provavelmente a habilidade de liderança mais subestimada é a de escutar. Claro que essa prática não deve ser incorporada e desenvolvida apenas por líderes, mas também em todas as alçadas da rede de interação em um negócio. Imagine o quanto nossas relações e nosso nível de comunicação se elevariam se fôssemos melhores ouvintes.

Segundo Scharmer (2018), existem quatro arquétipos de escuta:

- **reconfirmação** – neste momento, nada de novo penetra nossa bolha, pois nos limitamos a reconfirmar o que já sabemos sobre o outro. Como isso acontece? Imagine que você está no corredor da empresa a caminho de uma reunião com outras áreas para uma tomada de decisão importante e altamente estratégica para o negócio. Você entra na sala e seus pares já estão todos posicionados à sua espera para começar. Quando o assunto se inicia, um fala, o outro se posiciona e assim a reunião vai ganhando corpo. A escuta por reconfirmação acontece quando, à medida que as pessoas se expressam, você começa a criar um diálogo interno consigo do tipo: "Eu sabia que Fulano agiria assim, ele é sempre ansioso." ou "Lá vem o Sicrano com essa queixa novamente, é sempre assim!" ou, ainda, "Esses líderes são pessoas muito difíceis de dialogar, nunca entraremos em um acordo aqui. É cada um por si!". Fuja desse tipo de escuta! Neste nível de escuta, a sua atenção não se concentra no que a pessoa diz, mas nos seus comentários internos;

- **escuta factual** – deixamos os dados conversarem conosco. Abrimos nossa mente para compreendermos os fatos, as evidências e passamos a perceber informações não confirmadoras sobre o que o outro pensa;

- **escuta empática** – vemos a situação pelos olhos do outro. Abrimos nosso coração para compreendermos suas dores, inquietações, angústias e nos colocamos em sintonia com o que o outro sente;
- **escuta generativa** – escutamos com o objetivo de enxergarmos novas possibilidades, abrimos caminho e demostramos vontade para fazer algo novo nascer na relação.

Entretanto, existem algumas vozes internas que surgem como barreiras para conseguirmos praticar esses três tipos de escuta. A voz do julgamento dificulta o acesso à mente aberta na escuta factual. A voz do cinismo bloqueia o coração aberto na escuta empática e a voz do medo nos limita para conseguirmos nos entregar à escuta generativa. Portanto, para que um melhor e novo campo no futuro comece a se manifestar, precisamos aprender a lidar com essas vozes para acessarmos com inteireza o que uma conexão verdadeira pode oferecer. Ter a sensibilidade para perceber o que cada relação pede de nós no instante do diálogo é o que balizará o tipo de escuta que precisamos acionar.

Imagino que, nesta altura, você esteja bem mais sensibilizado sobre a importância de cuidar dos seus relacionamentos como ponte para uma ambiência de trabalho mais saudável e feliz. Portanto, para que você possa ressignificá-los, dar uma nova chance às suas interações e estabelecer conexões genuínas, comece com o exercício da escuta. Caso contrário, se você não mudar a sua forma de escutar e interagir, dificilmente você terá uma nova visão do mundo e das pessoas ao seu redor. Como diz Vehar (2022), se você já sabe, não há curiosidade, não há aprendizado, não há escuta, não há conexão.

Certamente, um dos caminhos mais promissores para nos inclinarmos à escuta é treinarmos a capacidade empática durante os encontros. Os estudos de Harvard (2018) abordam a empatia por meio de uma tríade, composta de empatia cognitiva, empatia emocional e interesse empático. O primeiro diz respeito à capacidade de compreendermos os pensamentos e diferentes pontos de vista das pessoas, o segundo fala da importância de nos conectarmos com os sentimentos e emoções dos outros, e o terceiro de nos tornarmos sensíveis para perceber o que o outro precisa de nós. Quando unimos esses três elementos estaremos mais propícios para nos aproximarmos e enxergarmos a perspectiva do outro e nos distanciarmos de uma postura defensiva.

Por fim, no intuito de aprimorar a sua prática de estabelecer conexões significativas, trouxe algumas perguntas que podem ser úteis e ajudá-lo a tornar suas interações mais ricas. É importante perceber o momento ideal para utilizá-las, para não transparecer uma conversa robotizada. Quanto mais você exercitar a arte de fazer boas perguntas, com o tempo isso se tornará natural em seus encontros com colegas de trabalho, líderes e liderados. Existem dois tipos de perguntas, as fechadas e as abertas. Durante um diálogo, ambas podem ser usadas, mas certamente são as consideradas abertas que parecem as mais difíceis de ser elaboradas, porém são as responsáveis por chamar o outro para um diálogo de maior valor. Vejamos alguns exemplos delas:

- No que você pensou para resolver este problema?
- Como você acha que a sua experiência pode contribuir com esta situação?
- O que você pode fazer para se aproximar do objetivo que idealizamos?
- Por que você acredita que esta seria a melhor solução?
- Explique por que esta situação é importante para você.
- Como você está se sentindo diante de tudo o que está acontecendo?
- Como você gostaria de ser ajudado?
- Qual aprendizado você extrai desta experiência?
- O que você acha que podemos fazer de diferente para evitarmos este problema no futuro?
- Quais os impactos que esta atitude pode gerar?
- O que mais podemos fazer para melhorarmos como uma equipe?
- Quais são as evidências de que estamos no caminho certo?
- Quais as oportunidades que você enxerga diante deste desafio?

Fonte: a autora

Não há como ser feliz sozinho, afinal, não somos uma ilha. Mesmo que cada indivíduo seja um universo particular, fazemos parte da humanidade. A felicidade se torna mais potente quando compartilhada. Relacionar-se faz parte da nossa natureza, portanto, é imprescindível cultivar a consciência sobre qual impacto você está gerando na teia organizacional na qual atua e, consequentemente, contribuir para uma forma mais funcional de estabelecer as conexões.

Como você demonstra se importar com as pessoas no trabalho?

Das quatro dimensões da confiança, qual você considera que está mais desenvolvida em você e qual a menos desenvolvida?

Mais:

Menos:

O que você pode começar a fazer hoje para melhorar a sua credibilidade pessoal?

Liste as principais qualidades das pessoas que trabalham com você e retire um tempo do seu dia para exaltá-las de forma personalizada.

Quem? _____ Qualidade: _____
Quem? _____ Qualidade: _____
Quem? _____ Qualidade: _____
Quem? _____ Qualidade: _____
Quem? _____ Qualidade: _____

Quais novos comportamentos você se compromete a assumir para promover maior qualidade às suas conexões no trabalho?

CAPÍTULO 5

TRABALHO, FELICIDADE E CULTURA ORGANIZACIONAL

"Os indivíduos e as organizações, quando submetidos à pressão, revelam explicitamente em seu comportamento os valores que mais prezam."

Carolyn Taylor

Não existe empresa perfeita! Existem empresas em evolução e empresas que param no tempo. Entramos na era da transcendência, na qual as pessoas começam a estabelecer uma relação diferente tanto com o trabalho quanto com os produtos e serviços que adquirem no mercado. Embora saibamos que grande parte da população ainda passa por dificuldades de ordem financeira, muitas pessoas buscam muito mais do que um cheque pelo trabalho, tendo em vista que o salário emocional ou a "renda psíquica" está sendo muito valorizada na atualidade. As pessoas procuram viver experiências que tenham um impacto positivo e isso também está sendo levado em consideração na escolha de um lugar ao sol no mercado, portanto, o trabalho precisa ser psicologicamente gratificante. Dentro desse contexto, as empresas estão sendo observadas e avaliadas por clientes internos e externos. E isso não quer dizer que estamos lidando com uma geração melindrosa ou com pessoas fracas, e sim que a qualidade de vida, o sentido pelo que fazemos profissionalmente e como contribuímos para um mundo melhor, está a cada dia em evidência.

Segundo Chapman e Sisodia (2020, p. 127):

> O melhor dos negócios é que, apesar de toda a história, de todas as tradições de práticas de gestão disfuncionais profundamente enraizadas e toda a bagagem de relações doentias e cultura corrosiva, é possível, a qualquer momento no tempo, apertar o botão do *reset*, abraçar uma forma diferente de ser e vivenciar uma mudança dramática.

Esse caminho de transformação passa incansavelmente pela cultura. Estratégias podem ser copiadas, mas uma cultura é única, é particular. Quando falamos sobre cultura organizacional, evidenciamos aquilo que é valorizado em um determinado ambiente corporativo. Assim como pessoas têm identidades, empresas também as têm. Apesar de muitos confundirem cultura com clima, elas possuem naturezas diferentes. O clima organizacional está mais relacionado ao humor e aos afetos que permeiam a empresa, enquanto a cultura relaciona-se com a alma, que revela o que é essencial em seu jeito de ser.

Quando uma empresa é criada, torna-se imprescindível que seus fundadores pensem sobre qual identidade eles querem desenvolver no negócio, pois isso influenciará a forma de a organização se posicionar no mercado e de se relacionar com todos os seus *stakeholders*. Ou seja, o que faz o negócio se diferenciar de tantos outros? Qual a sua proposta de valor? Qual a sua contribuição para a sociedade? Além disso, eles precisam refletir sobre por que se propõem a existir, o que de fato é importante para eles, do que não abrem mão, o que é tolerado, bem como o que é valorizado para todos que habitam e fazem parte do negócio conhecerem e se conectarem genuinamente com essas diretrizes.

O propósito de uma empresa fala sobre o impacto que ela quer causar na sociedade, qual a diferença que ela quer fazer no mundo. A missão é como ela fará isso, dá sinais sobre qual a estratégia para cumprir o propósito, a visão é como ela quer ser reconhecida no futuro e como o mundo estará quando alcançarem o propósito e os valores são os indicativos comportamentais dos quais não abrem mão.

A cultura de qualquer empresa precisa dialogar com essa identidade, para dizer ao mundo quem são e quem desejam por perto para revelar com coerência esse jeito de ser. E isso precisa ser construído de forma verdadeira, e não apenas para levar vantagem e fazer sucesso na mídia ou para um reposicionamento de marketing em curto prazo.

Segundo França (2022), uma organização viverá intensamente a força de seu propósito quando encontrar equilíbrio entre a razão para que serve ao mundo, a maneira como inspira as pessoas a viverem o seu melhor todos os dias e desejarem fazer parte daquela organização e, por fim, a promoção de um ciclo de evolução contínuo, para que sintam o prazer de realizar algo admirável e com elevada excelência.

Uma cultura é constituída de mensagens que ela transmite ao longo de sua história. Para Taylor (2022), tais mensagens são transmitidas por meio de três perspectivas:

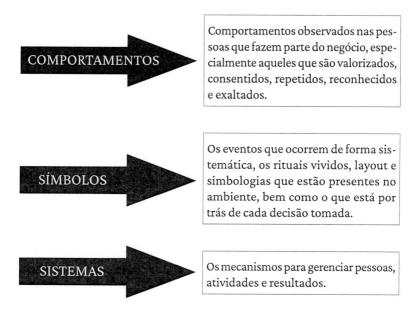

Schein e Schein (2022b), um dos grandes nomes sobre os estudos em cultura organizacional, fala algo semelhante quando afirma que ela é composta de:

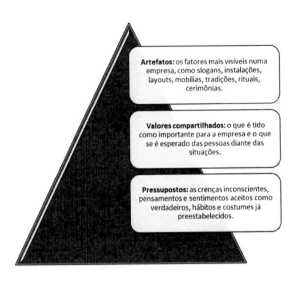

Há mais de 20 anos trabalhando tanto na área de Gente e Gestão de algumas empresas quanto com os diferentes projetos de desenvolvimento humano e organizacional realizados a partir da criação da Mudare Desenvolvimento, é muito interessante perceber o poder de uma cultura forte e certa, bem como os perigos trazidos por culturas organizacionais inadequadas e, porque não dizer, adoecidas. As culturas podem refletir ambientes onde as pessoas são estimuladas a acessarem seu máximo potencial, apoiarem-se mutuamente, incentivarem o sucesso e crescimento sistêmico, bem como outras culturas que conseguem transformar pessoas bem-intencionadas em profissionais egocêntricos, altamente competitivos e desestabilizadores.

É muito importante que empresários, CEOs, dirigentes, líderes de forma geral, bem como profissionais de Gente e Gestão compreendam que não adianta que a organização tenha um belo manifesto ou declaração de valores corporativos se eles não forem trabalhados ativamente para serem revelados e aplicados no cotidiano. Desta forma, servirá apenas como uma carta de intenções, mas que na prática não funciona por não haver coerência entre o que se faz e o que se prega.

Para Taylor (2022), a cultura da empresa são as normas de comportamento que estabelecem o que é aceitável. As normas revelam o que é valorizado de fato. A hierarquia de valores da empresa é percebida pelas mensagens recebidas pelas pessoas.

> O desempenho sustentável requer uma abordagem baseada em valores. Requer a manutenção de seus valores, mesmo sob imensa pressão para obter resultados em curto prazo, e idealmente atender a ambos os objetivos. Sustentabilidade é a arte de traçar esse caminho, e isso é a essência do arquétipo de Propósito Maior. (Taylor, 2022, p. 92)

Que tal explorarmos um pouco mais essa inconsistência cultural e o quanto isso põe em risco a credibilidade e visibilidade do negócio? Imagine que uma empresa tem definida uma lista de valores organizacionais, como respeito, integridade, trabalho em equipe e segurança, os quais estão expostos em quadros pelos seus corredores ou impressos no regulamento interno ou, ainda, são apresentados nas experiências de *onboarding* dos novos colaboradores. Entretanto, contrariamente ao que é apresentado, o dia a dia se mostra bem diferente: os setores trabalham como ilhas, os colaboradores de uma mesma equipe não confiam uns nos outros, existem agendas ocultas, parecem que estão numa corrida devastadora para quem deve aparecer mais, quem deve ganhar de quem. Líderes gritam, humilham e constrangem liderados, além das relações entre os pares estarem altamente desgastadas. Alguns protocolos básicos de segurança e convivência são negligenciados.

Parecem duas empresas bem distintas, não é mesmo? Uma que está no papel e a outra que se revela na prática. Uma fala da intenção e a outra fala da ação por meio dos comportamentos expressados. Essa divergência impacta diretamente o bem-estar, a retenção dos colaboradores e a produtividade de forma sustentável. Muitos dos profissionais ficam confusos e acabam se despersonalizando para sobreviver em um ambiente permeado por comportamentos inadequados, porém que ganharam força ao longo do tempo por não terem sido devidamente confrontados.

Os valores organizacionais servem para guiar o comportamento coletivo em detrimento do interesse individual. Quando o inverso acontece, revela-se uma fragilidade na cultura e, consequentemente, nos valores que a regem. Uma forma de saber o que é realmente valorizado numa cultura passa por identificar como a empresa gasta seu tempo e seus recursos. É um método rápido, porém eficaz para fazermos uma leitura dos traços culturais presentes.

No capítulo anterior, vimos a importância de conhecermos os nossos valores pessoais. Como profissionais, é fundamental fazermos uma análise crítica se conseguimos perceber alguma convergência entre eles e os valores do local de onde trabalhamos. Certamente, nem sempre coincidirá 100%, mas é importante enxergarmos alguma conexão para que a relação entre indivíduo e empresa se estabeleça de maneira saudável. É o que chamamos de *fit* cultural – uma convergência e aderência entre a identidade organizacional e a identidade das pessoas que farão parte do negócio. Dificilmente, um profissional consegue permanecer em um ambiente onde as "bandeiras levantadas" são bem diferentes daquelas em que ele acredita. Naturalmente, haverá uma ruptura.

Sou muito a favor de os valores serem abordados desde os processos seletivos, para que os profissionais de RH percebam o nível de aderência entre os candidatos e a cultura praticada. Assim como é muito importante os profissionais buscarem informações sobre a empresa para que também possam analisar se aquela realidade empresarial é compatível com seus princípios. A gestão por valores precisa ser exaltada durante toda a jornada do colaborador, desde quando ele ainda é apenas um candidato a uma vaga. Quando esse cuidado acontece desde os processos seletivos, as chances de sucesso e retenção são bem maiores. Por tanto, no lugar de focar apenas na velocidade em que as vagas são fechadas, as empresas precisam começar a se preocupar se um dos critérios está sendo a probabilidade de *fit* cultural.

Em meus trabalhos individuais com as lideranças, sempre as questiono sobre como enxergam a cultura de onde atuam por meio de duas perspectivas: HARD e SOFT.

Compreenda uma cultura HARD como um ambiente orientado por resultados, com forte gestão de indicadores para manutenção do desempenho, regras muito bem estabelecidas, processos claros e seguidos por todos, estrutura organizacional com hierarquia bem definida. Já a cultura SOFT traz um clima mais leve, é marcada pela flexibilidade e colaboração, cuidado com o bem-estar e desenvolvimento das pessoas, além de contribuir para o acesso ao potencial criativo como caminho para o bom desempenho.

É perceptível que existem algumas empresas com um traço mais HARD enquanto outras são mais SOFT e há outras que visivelmente passaram por uma transição entre um estilo e outro ao longo de sua história. Entendo que esses traços se tornaram evidentes na construção do negócio, à medida que algumas necessidades se tornaram emergentes para a sua perenidade no mercado. Por exemplo, uma empresa X que era extremamente SOFT e que precisou se profissionalizar para crescer de forma mais estruturada e ágil, adquirindo elementos HARD para o seu dia a dia. Ou outras empresas, que eram profundamente HARD e que, com a chegada da pandemia, precisaram humanizar mais a relação com trabalho, passando a trazer para o negócio um olhar mais SOFT. O mais interessante que observei ao longo de todos esses anos em meus atendimentos às lideranças é que a grande maioria chegou à conclusão de que alcançar o equilíbrio entre esses dois traços é o que tornará a empresa um lugar admirável e frutífero. De fato, os extremos são perigosos, uma vez que podemos negligenciar elementos importantes ou para o bem-estar do negócio ou para o bem-estar das pessoas.

Considerando isso, empresas que passam por um processo de transformação cultural precisam ficar atentas como conduzirão essas mudanças ao longo do tempo para que seja um processo promissor. É imprescindível pensar no que somos e no que queremos nos tornar, sem esquecer que entre esses dois pontos existe um longo caminho a ser percorrido.

E não há como falar de transformação cultural sem destacar o poder dos comportamentos, uma vez que existem comportamentos que são apoiadores e fortalecedores da transformação que precisa acontecer e outros que não apoiam o que é desejado, impedindo ou atrasando esse processo de mudança e consolidação de um novo tempo. Para isso, é preciso ter coragem para olhar diretamente para os comportamentos que estão enviando uma mensagem contrária ao desejado, trazê-los à tona e confrontá-los. Digamos que uma empresa está num movimento de construir uma cultura em teia, mais colaborativa, de menos egossistema e mais ecossistema, de menos ilhas e mais interdependência. Ao passo que comportamentos contrários, como isolamento, fofocas, rivalidades e obstruir informações importantes aparecem, eles precisam ser combatidos. E não há como não lembrar a importância do papel da liderança nesse processo, uma vez que líderes são impulsionadores de uma cultura. Eles alimentam crenças, nutrem emoções diariamente e precisam estar atentos se estão sendo exemplos dos novos comportamentos desejados e se estão conseguindo romper com comportamentos contrários detectados em sua própria equipe. Portanto, reforçar os comportamentos aderentes à cultura desejada, recompensando, reconhecendo e evidenciando o que funciona é um caminho que pode ajudar esse processo a ser mais bem-sucedido.

Acredito que, numa altura dessas, já ficou claro o quanto as empresas precisam entender como impactam a construção de uma sociedade mais justa e saudável. A nova era está levando as empresas a se questionarem sobre os modelos que vêm operando e sobre qual o seu real papel no mundo. Por isso, considero um caminho sem volta que empresas se tornem espaços mais propícios para o florescer humano. O grande ponto cego que pode impedir que isso se torne uma realidade é a cultura organizacional. E quem deve cuidar disso? Na maioria das vezes, a área de Gente e Gestão da empresa recebe a missão de ser a responsável por isso. Entretanto, é importante salientar que se ela não tiver o apoio e a verdadeira parceria das lideranças na disseminação dessa cultura, isso não se verticalizará até a ponta. No fundo, existe uma área que idealiza várias iniciativas e intervenções, porém o trabalho é feito por várias mãos que deixam marcas por todo o negócio.

E como seriam os traços de uma empresa que é considerada saudável? A resposta para essa pergunta está alicerçada em uma tríade:

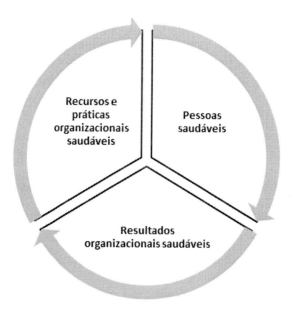

Fonte: Silva e Farsen, 2018

Por recursos e práticas saudáveis entenda infraestrutura adequada, autonomia nas atividades, processos bem estabelecidos, políticas e intervenções em gestão de pessoas, estratégias de promoção à saúde e bem-estar dos colaboradores e a presença de lideranças positivas e conscientes que inspiram e extraem o melhor das pessoas.

O quesito pessoas saudáveis envolve a presença de colaboradores com bem-estar integral (físico – psicológico – social – espiritual), além de serem estimulados a manter estados mentais positivos por meio de um capital psicológico robusto. Certamente, o item anterior tem uma forte influência nesse campo, uma vez que não bastam intenções para as pessoas serem saudáveis no trabalho, deve haver uma série de estímulos e práticas sistemáticas que sustentem essas intenções.

Já no aspecto dos resultados organizacionais saudáveis está incluso o cuidado com a excelência dos produtos, serviços e experiência do cliente, boa relação com meio ambiente, fornecedores, comunidade, além da rentabilidade e viabilidade econômico-financeira do negócio.

É importante salientar que uma empresa que deseja construir uma história admirável e deixar legados impactantes precisa levar em consideração os três elementos apresentados, pois é a partir do equilíbrio dinâmico entre eles que essa realidade se torna possível.

O que geralmente encontramos no mercado são empresas muito preocupadas e inclinadas a cuidarem quase que exclusivamente dos seus resultados para se tornarem lucrativas, o que de fato é importantíssimo, porém se esquecem de olhar para os outros dois campos citados. O que tende a acontecer ao longo do tempo? Uma estrutura organizacional desorganizada, com muitas falhas na comunicação e nas relações interpessoais, falta de valorização do capital humano, clima pesado, lideranças soberbas, pessoas desesperançadas e adoecendo e, naturalmente, elevados índices de *turnover* e absenteísmo.

Portanto, observa-se que os ambientes de trabalho precisam se tornar cada vez mais humanizados, sendo palco para o florescimento das pessoas e não para o adoecimento delas. Empresas saudáveis nutrem a consciência de que existem para causar impacto positivo em seus diferentes *stakeholders* e não apenas para produzir resultados a qualquer custo. Além disso, é preciso reforçar que somente estar empregado não é o critério suficiente para a promoção da saúde mental. Na verdade, esse pensamento absolutista é muito perigoso, tendo em vista que passamos a não considerar pontos cegos que precisam ser trabalhados no ecossistema organizacional, bem como reduzem a saúde mental do trabalhador à dependência exclusiva de uma relação financista.

Os estudos sobre felicidade no trabalho avançam nos últimos anos, chegando à conclusão de que se as empresas desejarem fomentar esse caminho em conjunto dos seus colaboradores, elas precisam cuidar de quatro dimensões em sua cultura:

Dimensão material	Dimensão psicossocial – pilar pessoal
Crie um ambiente confortável. Estimule o equilíbrio entre vida pessoal e profissional. Esteja aberto para uma jornada de trabalho flexível. Tenha um programa de remuneração e recompensas. Gere oportunidades de crescimento e desenvolvimento para as pessoas.	Promova experiências que contribuam para o autoconhecimento. Incentive o desenvolvimento pessoal. Tenha programas continuados para promoção das virtudes e qualidades psicológicas positivas.
Dimensão psicossocial – pilar relacional	**Dimensão transcendental**
Torne o feedback um hábito. Estimule e zele pela segurança psicológica. Promova um ambiente colaborativo. Seja um bom líder. Crie uma cultura de confiança.	Encoraje o trabalho significativo, com propósito. Cultive os valores organizacionais. Tenha práticas de responsabilidade socioambiental.

Fonte: adaptado de Silva, Ribeiro, Budde e Damo, 2022

Um outro construto interessante é o diagrama ecossistema CHO Feliciência, o qual nos mostra que felicidade não é sobre produtividade, mas principalmente sobre sustentabilidade. Precisa ser visto como algo sistêmico no universo corporativo e para isso, é necessário envolver os seguintes aspectos, num movimento de dentro para fora:

Fonte: Furtado, p.74, 2022

Furtado (2022) assegura que quando as três primeiras camadas são constituídas com consistência e coerência, provavelmente a empresa estará com condições mais favoráveis a operacionalizar esforços em prol da felicidade de quem trabalha. E o impacto será naturalmente a consequência que transbordará desse ecossistema tão próspero e positivo.

Hoje em dia um termo vem crescendo no mercado: "empresas humanizadas". Trata-se de organizações que enxergam o ser humano como a força propulsora do negócio e, portanto, consideram todos igualmente importantes para dar vida ao propósito organizacional.

Existem algumas prioridades para que empresas humanizadas direcionem sua energia continuamente:

- cultura de confiança, a ponto de as pessoas enxergarem a empresa não como uma vilã deixando-as paranoicas, a qualquer momento podendo "puxar seus tapetes", mas como um lugar onde queiram estar e se entregar à experiência;
- treinamento e desenvolvimento, pois não consideram as pessoas recursos, e sim fonte de saber e soluções que merecem maximizar o seu potencial;
- empoderamento e autonomia para fazer um cliente mais feliz e satisfeito ou para corrigir problemas operacionais;
- reconhecimento e celebração, estimulando a irmandade e partilha de conquistas;
- benefícios vinculados à qualidade de vida;
- conexão do topo com a base. O contato entre líderes seniores e liderados da ponta é estimulado, pois, além de gerar pertencimento, essa relação pode oferecer ideias até então não pensadas por quem está numa alçada mais estratégica.

Existem alguns traços que fazem com que essas empresas possuam um DNA humanizado. Geralmente, esses ambientes corporativos estão alicerçados nos pilares do capitalismo consciente, os quais são defendidos por Raj Sisodia, considerado o principal nome desse movimento, que é crescente.

Para ele, ao enxergarmos o mundo do trabalho a partir dessa perspectiva, conseguiremos olhar para o potencial heroico dos negócios e dos empreendedores para tanto se darem bem como para fazerem bem ao mundo.

Como Sisodia (2018, p. 5, grifo nosso) mesmo afirma:

> É praticar o capitalismo com uma consciência mais elevada, enxergando as empresas como um espaço para fazer muito mais do que ganhar dinheiro,

estando ciente do seu propósito e percebendo a interconexão de todos os *stakeholders* e se esforçando para criar locais de trabalho infundidos com dignidade, significado e alegria.

Para isso, é importante as que empresas tenham como premissa os seguintes pilares:

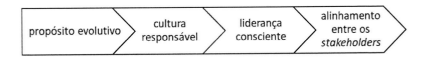

Propósito evolutivo: toda empresa deve ser guiada por um propósito claro e estimulante, que represente a sua razão de existir e como deseja impactar o mundo e contribuir para a sociedade. Não basta apenas ter o propósito de lucrar e se tornar um negócio rentável. Precisa ter um propósito que molde valores e influencie a forma de a empresa funcionar. Deve ser convincente e inspirador para todos que fazem parte desse ecossistema.

Eis algumas perguntas para ajudá-lo na validação de um propósito evolutivo e cativante:

- Estamos realmente nos desafiando para fazer o maior impacto possível?
- Alinha-se à nossa jornada como seres humanos?
- Alinha fortemente todos os *stakeholders*?
- Está enraizado no amor genuíno e no cuidado de todas as pessoas cujas vidas o nosso negócio toca?
- As pessoas sairão da cama na segunda-feira de manhã para enfrentar um novo dia e fazer a diferença?
- Está em harmonia com a natureza e o mundo ao nosso redor?
- Desperta urgência no agora para levar as pessoas à ação?

Cultura responsável: uma cultura certa e forte inspira pessoas, cria engajamento e paixão. A cultura responsável possui baixos níveis de entropia cultural. O que isso quer dizer? Representa a quantidade de energia consumida com atividades improdutivas e desnecessárias, bem como conflitos, ruídos e fricções que os colaboradores experimentam. Os elementos que alimentam uma cultura responsável são: confiança, autenticidade, cuidado, transparência, integridade, aprendizado e empoderamento.

Particularmente, vejo uma relação direta desses itens com as condições propícias para um ambiente psicologicamente seguro se solidificar.

Liderança consciente: a base da liderança consciente é a liderança servidora. Esses líderes entendem que existem não para serem servidos, mas para servir a um propósito maior e ajudam tanto empresas como pessoas a alcançarem o seu maior potencial.

Não pretendo me debruçar muito nesse item agora, pois no próximo capítulo evidenciarei os traços de modelos de lideranças que considero necessários para o trabalho e a felicidade andarem de mãos dadas, e certamente a liderança consciente é um deles. Então me aprofundarei daqui a pouco nesse universo.

Alinhamento entre os *stakeholders*: segundo Sisodia (2019), uma empresa humanizada é amada por todos os seus *stakeholders* ao trazer os interesses de todos para o alinhamento estratégico, pois atende às necessidades funcionais e psicológicas de maneira que os encanta e eles produzem afeto e lealdade à empresa.

Nesse sentido, é preciso reconhecer a importância de todos os personagens que fazem o negócio acontecer, por meio de uma relação interdependente, na qual todos possam sair ganhando e se sentindo autores de uma história vencedora ao gerarem valor ao negócio. Fundadores, investidores, dirigentes, funcionários, fornecedores, clientes, comunidade em torno da empresa, meio ambiente etc. representam os *stakeholders*. Quando todos esses personagens estabelecem uma conexão emocional com o negócio, a prosperidade sistêmica é o resultado.

Um exercício que considero oportuno para você desenvolver esse pilar é começar a cultivar um olhar empático e pensar na seguinte questão: quais são as principais necessidades que rondam cada um dos *stakeholders* que compõem essa cadeia de valor?

A ideia dessa reflexão é passar a olhar para além das suas próprias necessidades e compreender que, em um negócio à luz do capitalismo consciente, é preciso estabelecer uma consciência social, coletiva.

Você deve estar pensando: quais os benefícios de adotar essas premissas na existência de uma organização? Então, separei alguns. Confira!

- Empregados profundamente engajados, inspirados e saudáveis.
- Clientes altamente leais e confiantes.
- Fornecedores comprometidos, inovadores e rentáveis.
- Comunidades prósperas e acolhedoras.
- Ambiente mais saudável.
- Desempenho financeiro superior a longo prazo.

Como forma de sintetizar esse novo olhar sobre o mundo dos negócios, convido você a se debruçar no credo do capitalismo consciente.

Acreditamos que a empresa é boa porque cria valor, ética porque se baseia no intercâmbio voluntário, nobre porque pode elevar a nossa existência e heroica porque tira as pessoas da pobreza e cria prosperidade. O capitalismo da livre iniciativa é o sistema mais poderoso já concebido para a cooperação social e o progresso humano; uma das ideias mais convincentes que a humanidade já teve. Mas podemos aspirar muito mais.

O capitalismo consciente é uma maneira de pensar sobre o capitalismo e os negócios – maneira esta que melhor reflete onde estamos na jornada humana, o estado do nosso mundo hoje e o potencial inato dos negócios para causar impacto positivo no mundo. As empresas conscientes são galvanizadas por propósitos mais elevados que servem, alinham e integram interesses de todos os seus principais *stakeholders*. O estado de consciência superior de uma empresa permite ver as interdependências que transpassam todos os *stakeholders*, assim como descobrir e colher sinergias de situações que, de outra forma, pareciam repletas de conflitos. Empresas conscientes têm líderes servidores motivados para servir ao propósito da empresa, a todas as pessoas que o negócio toca e ao planeta que todos compartilhamos.

Essas empresas têm culturas confiantes, autênticas, inovadoras e atenciosas que tornam o trabalho uma fonte de crescimento pessoal e de satisfação profissional. Elas se empenham em criar riqueza financeira, intelectual, social, cultural, emocional, espiritual, física e ambiental para todos os seus *stakeholders*.

Empresas conscientes podem ajudar a evoluir o nosso mundo de tal forma que milhares de pessoas possam florescer, levando vidas plenas de paixão, propósito, amor e criatividade em um mundo de liberdade, harmonia, prosperidade e compaixão.

Fonte: Sisodia, Henry e Eckschmidt, 2018, p. 6

Nos últimos anos, as empresas estão sendo convidadas a adotarem modelos mais humanizados. Esse movimento acompanha a crescente preocupação com o elevado sofrimento psíquico na sociedade, como já citado em capítulos anteriores.

Definitivamente, precisamos arregaçar as mangas e começar a ser influenciadores dessa mudança, a partir do momento que acreditamos que a felicidade é uma possibilidade dentro do mundo do trabalho. Portanto, não dá para ser feliz em empresas onde a cultura enxergue as pessoas como recursos esgotáveis e meramente substituíveis. De nada adianta querer que os colaboradores sejam mais engajados se a organização não adotar estratégias de enfrentamento de um ambiente tóxico e sombrio.

Um outro movimento que está crescente, impulsionado especialmente pela Europa, e que já está ocupando um espaço no Brasil é o ESG, por meio da onda da sustentabilidade, que vem tendo investimentos bilionários no intuito de gerar impactos positivos às pessoas e à preservação do planeta. O termo surgiu em 2004 no Pacto Global da Organização das Nações Unidas (ONU) com o Banco Mundial, porém somente agora vem sendo mais difundido e paulatinamente valorizado no campo nacional. Nesse sentido, as empresas adotam um conjunto de estratégias e ações para não apenas tornar seus negócios rentáveis, mas também para contribuir para relações mais duradouras entre as pessoas, as corporações e o mundo. Cada letra da sigla ESG representa um pilar com os seguintes desafios a serem cuidados:

- **E** (*environmental*) – emissão de gases de efeito estufa, aumento da poluição, mudanças climáticas, uso eficiente da água, gestão de resíduos, energia limpa e preservação da biodiversidade;
- **S** (*social*) – diversidade e inclusão, impacto nas comunidades, responsabilidade com clientes, saúde, bem-estar, felicidade e segurança dos colaboradores, qualidade da relação com fornecedores;
- **G** (*governance*) – relacionamento com todos os *stakeholders*, gestão de risco, compliance, transparência, ética, planejamento de longo prazo e cultura organizacional.

Perceba que o ESG corrobora e contribui diretamente com o que estamos propondo neste capítulo, como uma peça imprescindível para conseguirmos dar forma a esse grande quebra-cabeças que é a relação entre o trabalho e a felicidade nas empresas de forma sustentável.

Portanto, empresas humanizadas pensam de uma forma diferente sobre pessoas, como fundamenta Sisodia (2019, p. 95):

Um ser humano não é um recurso, mas uma fonte. Um recurso é como um pedaço de carvão; uma vez usado, ele acaba, se esgota. Uma fonte é como o sol – praticamente inesgotável e gerando continuamente energia, luz e calor. Não há fonte mais poderosa de energia criativa no mundo do que um ser humano motivado e empoderado. As empresas humanizadas criam conscientemente condições que energizam e capacitam pessoas a dedicar sua melhor contribuição no serviço das suas paixões pessoais e dos nobres propósitos mais elevados da empresa.

Se a organização em que você atua deixasse de existir, o que seria perdido? Quais os impactos disso na sociedade?

A empresa em que você atua reconhece as interdependências entre os *stakeholders* e procuram soluções que possam satisfazê-los simultaneamente?

( ) Sim

( ) Não

( ) Preciso me informar mais sobre isso

Você percebe se as pessoas e a organização estão continuamente evoluindo para níveis superiores de consciência? Se sim, de que forma?

Os líderes da empresa em que você atua estão em cargos de liderança por acreditarem apaixonadamente no propósito da organização e na importância de estar a serviço das pessoas? Por quê?

Se você pudesse escolher três palavras para representar a cultura da empresa onde trabalha, quais seriam?

1.

2.

3.

CAPÍTULO 6

TRABALHO, FELICIDADE E LIDERANÇA

"100% dos clientes são pessoas, 100% dos funcionários são pessoas. Se você não entende de pessoas, você não entende de negócios."

Simon Sinek

Neste capítulo quero evidenciar a importância de um personagem central para o bem-estar e a felicidade no ambiente corporativo: o líder. Quando falo em liderança, não quero me deter apenas à ideia de alguém com um cargo superior, mas também à capacidade de influenciar pessoas e a uma filosofia de vida que impacta tantas outras vidas. Entretanto, se você é líder de linha de frente ou líder de líderes e grandes equipes, espero tê-lo sensibilizado com o que você já leu até aqui, bem como, a partir de agora, fazê-lo entender algumas possibilidades de modelos que o ajudarão a se conectar com o novo tempo que estamos atravessando e construindo, para que você possa fazer a diferença a partir dessas referências.

Antes de tudo, é interessante perceber como o conceito de liderança vem passando por transformações ao longo das últimas décadas. Convido-o a fazer um passeio sobre os vários modelos de liderança difundidos até chegar aos dias atuais e pensarmos sobre como esses estilos podem contribuir com a felicidade de quem trabalha. Existem inúmeros estilos, porém fiz uma seleção de alguns mais relevantes para compartilhar com você.

Antes de adentrarmos a compreensão dos estilos de liderança mais modernos, vale olhar para trás e saber de onde vêm os primeiros estudos sobre ser líder. Em 1939, os psicólogos Ralph White e Ronald Lippitt determinaram três tipologias de liderança: **a autocrática, a democrática e a liberal.**

Líder autocrático é um profissional que assume a posição de comando e controle com foco exclusivo nos resultados, atua motivado por interesses egocêntricos, demonstra autoritarismo e nenhuma preocupação com as relações humanas no trabalho. O foco é seguir as diretrizes trazidas pelo gestor. Tende a ser caracterizado como chefe e não como um líder. Por muito tempo foi um modelo valorizado por acreditar que o papel da liderança se restringia à voz imperativa e que a partir desse estilo a alta performance seria alcançada. Porém a que custo, não é mesmo?

O líder democrático é o oposto do autocrático, é aquele que geralmente envolve seus colaboradores em praticamente todos os planos e discussões, a partir de uma gestão compartilhada, em que os outros têm participação ativa, dão sugestões e opinam sobre métodos de trabalho. O líder abre espaço para a construção em conjunto sem perder uma abordagem orientativa. O poder não está concentrado em apenas uma pessoa.

E a liderança liberal reside em plena autonomia por parte dos envolvidos. Nesse caso, não há acompanhamento sistemático do líder para com os seus liderados, uma vez que a marca é a autogestão das equipes. A participação do líder é mínima. Certamente, esse estilo é mais indicado para equipes com elevado nível de maturidade e engajamento.

Durante muitos anos, esses três modelos clássicos se fizeram presentes nos estudos e diálogos sobre liderança. Entretanto, o mundo foi atravessando novos desafios, teorias e práticas nasceram a partir de novas necessidades em relação aos modelos de gestão, dando lugar a novos estilos.

Em 1986, Paul Hersey e Ken Blanchard apresentaram a **liderança situacional** como um modelo a ser seguido. Eles defendem a ideia de que o modelo de liderança deve variar de acordo com as necessidades que os seus liderados apresentarem, tendo como base dois pilares: ora a liderança pode estar voltada para tarefas, com uma abordagem mais diretiva e de orientação, ora pode estar voltada para relacionamentos com uma abordagem de apoio socioemocional. Portanto, trata-se de uma liderança adaptativa, que aciona um estilo específico a partir da necessidade emergente do momento e não do estilo com o qual mais se identificar. Essa variação ocorrerá a partir da maturidade das pessoas que trabalham na equipe. Entenda por maturidade a combinação entre o querer fazer (disposição) e o saber fazer (prontidão) do indivíduo, ou seja, envolve questões de ordem motivacional e de ordem técnica. Os níveis de maturidade estão divididos em quatro, conforme apresento a seguir:

- M1 (maturidade baixa) – neste nível de maturidade, existe elevada motivação, porém pouca habilidade por parte do liderado. Portanto, o estilo do líder deve ser de direcionamento, ele precisa ser muito presente para conduzir novos colaboradores que chegam à empresa ou quando algum colaborador assume um cargo mais complexo ou um novo projeto. É o nível que mais exige corpo a corpo;

- M2 (maturidade média baixa) – neste nível de maturidade, o liderado possui o básico de conhecimentos para execução das atividades. A postura do líder é de orientação, demonstrando supervisão em casos específicos, bem como estimulando o aprofundamento da aprendizagem dos liderados;

- M3 (maturidade média) – neste nível de maturidade, já não há uma necessidade de supervisão constante, pois o liderado já detém um bom conhecimento, porém ainda demonstra alguma insegurança de ordem emocional, sendo necessário desafiá-lo, encorajá-lo e compartilhar algumas experiências com ele para que se sinta mais confiante;

- M4 (maturidade alta): neste nível, o liderado já domina plenamente as atividades, demonstrando conhecimento, habilidades e atitudes positivas para realizar o desafio, além de estar notoriamente entusiasmado para a realização. Cabe ao líder delegar, pois esse profissional alcançou o mais elevado nível de maturidade, o que dá a ele condições de ter autonomia suficiente para analisar com critério, conduzir situações e decidir dentro de seu poder de alçada. Os acompanhamentos são esporádicos e com natureza de alinhamento.

Com o avanço da era do conhecimento, ao se aproximar do ano 2000, um termo começou a ser cunhado no mundo organizacional: o do **líder coach**. Naquele período já estava claro que o líder do passado usava da força de forma abusiva para chegar a resultados e que o líder do novo século precisava saber integrar a firmeza, a sensibilidade e a sabedoria por parte de quem estivesse à frente dos grupos. O líder coach surgiu como caminho para ajudar os liderados a se lapidarem em um mundo cada vez mais dinâmico, em que performance e desenvolvimento caminham de mãos dadas. Nesse sentido, o líder coach cria condições para que os liderados aprendam e se desenvolvam a partir de novos hábitos e competências, aumentando a sua capacidade de ação. Esse estilo de liderança tem como papéis atuar como um parceiro estratégico, contribuindo para que a equipe encontre respostas e soluções, estimulando o seu potencial. É um transformador de paradigmas, ao ser questionador e fazer perguntas que confrontem modelos mentais para ampliar novas perspectivas. Quero destacar o poder das perguntas feitas pelo líder coach, uma vez que abre um espaço para diálogos ricos, reflexões refinadas e energia para ação. As perguntas geralmente são abertas, tiram os liderados do banco de reserva e os trazem para o jogo. Em suma, ele é agente de desenvolvimento humano por meio da potencialização de competências comportamentais que apoiam o alcance das metas estabelecidas.

Compreendendo a necessidade de acelerar o processo de amadurecimento dos profissionais a partir da bagagem e notoriedade de líderes que inspiram, surgiu o papel do **líder mentor** na formação de sucessores e de futuros líderes. Embora esse modelo de liderança esteja muito em alta, o papel do mentor vem desde os tempos mais remotos da humanidade, quando os mais velhos tinham a tarefa de orientar os mais jovens para os desafios da vida pessoal ou da vida produtiva. Diz-se que a origem da palavra "mentor" surgiu como nome de um grande amigo e conselheiro de Ulisses que assumiu a responsabilidade de educar Telêmaco enquanto seu pai estava envolvido com a Guerra de Troia e outras aventuras. Por ter cumprido essa missão ao longo de 20 anos, com muita dedicação, Mentor foi reconhecido como sinônimo de guia experiente, sincero e sábio. O papel do mentor passou por um processo de evolução, não se restringindo a pessoas de mais idade, e sim que possuem uma expertise em um determinado assunto. Mentores geralmente são escolhidos por seus mentorados, tendo em vista que desejam aprender com alguém que tem uma senioridade em um campo do saber, bem como por serem pessoas admiráveis pelos seres humanos que são, pelos valores e competências comportamentais que possuem. Como você se sentiria sendo guiado por essa pessoa em alguma fase da sua vida profissional? Despertou-lhe um sentimento bom, não foi? Mentores têm essa capacidade, pois uma das grandes questões que sustentam a história entre mentor e mentorado é a relação estabelecida entre ambos, baseada em admiração e confiança, uma vez são exemplos a serem seguidos. A modelagem é uma das características que rege o processo de *mentoring* (mentoria), é o fio condutor que passará pela conexão entre ambos e por todos os aprendizados adquiridos. Líderes mentores são naturalmente desenvolvedores de gente e podem atuar com orientação e aconselhamento para o alcance dos objetivos elencados.

  Existem líderes mentores que impulsionam diretamente a carreira de seus mentorados, uma vez que aceleram a maturidade desses profissionais a partir de uma condução mais focada. E existem mentores de vida, que são aquelas pessoas que enxergamos como uma fonte de sabedoria inesgotável, que servem como grandes conselheiros durante a nossa existência, iluminando decisões cruciais ao trazerem uma perspectiva mais ampla sobre a vida. Se você já teve ou tem um mentor, sabe o quão representativa essa pessoa é para sua vida. Valorize-o!

À medida que o sofrimento psíquico e o desengajamento nas empresas aumentam, os estudos sobre liderança avançam. Kim Cameron, importante professor e pesquisador da Universidade de Michigan, trouxe para a arena organizacional a **liderança positiva**, oriundo da Psicologia Positiva, que é a ciência do florescimento humano e das instituições.

Os estudos sobre liderança positiva apontam que ela se baseia no que funciona nas organizações (em oposição ao que dá errado), o que energiza (em oposição ao que é problemático), o que é percebido como bom (em oposição ao que é contestável), o que é extraordinário (em oposição ao que é meramente eficiente) e o que é inspirador (em oposição ao que é difícil). Se pararmos para pensar, ainda é um grande desafio esse estilo de liderança, uma vez que a maioria dos líderes está voltada para detectar os *gaps* e para corrigir disfunções.

Para um líder ser considerado positivo, ele precisa abarcar quatro estratégias em sua rotina de gestão conforme apresentado no diagrama a seguir:

Fonte: adaptado de Guimarães, 2012

Clima positivo

Criar uma ambiência saudável com condições favoráveis ao bem-estar das pessoas é uma das preocupações dessa liderança. Para isso, é um líder que fica atento aos estados de humor que estão se sobressaindo no trabalho. Portanto, costuma perceber quais são as emoções que desperta nos outros e como isso impacta o todo. Para a Psicologia Positiva, um clima é considerado positivo quando emoções de valência positiva são mais presentes. Sabe-se que um clima satisfatório no ambiente de trabalho, no qual prevalecem as emoções positivas, conduz à otimização da atuação dos indivíduos ou grupos e ao alcance dos resultados acima do normal.

Especialmente, existem três fatores que, se estimulados e praticados em um ambiente de trabalho, o clima tende a melhorar consideravelmente. Pensando nisso, esse tipo de liderança encoraja a compaixão, o perdão e a gratidão. As duas primeiras são essenciais para lidar com os erros e limitações humanas, tão frequentes em nosso cotidiano, não é mesmo? Já a gratidão influencia diretamente o fortalecimento dos vínculos e o sentimento de pertencimento.

Perceba que são temas que no passado eram inacessíveis e completamente desconsiderados. Parecia subjetivo demais e inadequado demais falar sobre questões tão humanas. Porém, diante do novo paradigma em que estamos inseridos, temas como bem-estar, resiliência, otimismo, gratidão, forças e virtudes adentram com muita relevância o mundo do trabalho e são influenciadores diretos do clima que toda empresa quer alcançar. Mesmo ainda sendo termos que causam estranheza em algumas empresas, principalmente devido à nossa mentalidade enraizada em crenças distorcidas quanto a produtividade X vulnerabilidade, conforme afirma Neff (2017), nossa cultura não enfatiza a autocompaixão, muito pelo contrário. Somos informados de que não importa o quanto tentemos, o nosso melhor nunca é bom o suficiente.

Entretanto, se as lideranças se permitirem revisitarem suas visões e hábitos para fazerem a nova lição de casa com consistência, os ganhos ao naturalizarem esses três elementos (compaixão, perdão e gratidão) no cotidiano profissional serão inúmeros: redução do estresse crônico e do esgotamento, melhoria da autoestima, bem como da perceptiva sobre como enxergar os acontecimentos e a motivação para a superação dos desafios, além de maior integração entre os *stakeholders*.

Comunicação positiva

É impressionante como um dos problemas mais comuns nos grupos que fazem parte das empresas reside na comunicação. Para líderes positivos, a comunicação precisa ocorrer em uma base afirmativa e apoiadora, no lugar de uma linguagem crítica e negativa. Esse tipo de liderança não acredita na ameaça e na voz de comando como caminho para os melhores resultados.

Estudos feitos em equipes de alta performance chegaram à conclusão de que a forma de interagir e de se comunicar entre os membros fazia a diferença no desempenho. Foi percebido que à medida que as discussões avançavam entre essas pessoas e quanto mais frases de encorajamento, reconhecimento e apoio eram pronunciadas, mais as equipes melhoravam seus resultados, o que naturalmente influenciava os seguintes desdobramentos: maiores habilidades sociais, surgimento de novas perguntas e ideias, maior flexibilidade no funcionamento da equipe, maior sinergia coletiva, maior satisfação dos clientes que recebiam as entregas dessas equipes e, consequentemente, maior lucratividade.

A presença de feedbacks positivos é uma marca da liderança positiva. Enquanto para outros modelos de liderança existe a crença de que as pessoas não precisam ser elogiadas pelas obrigações que entregam, pois isso vai acostumá-las mal, para um líder positivo, o reforço a respeito do que vai bem e do que funciona é constante, é um combustível que precisa ser utilizado para gerar movimento. Além disso, durante os diálogos com seus liderados, eles se mostram realmente presentes e conectados com as pessoas. Por meio não apenas da sua comunicação verbal, mas também não verbal, eles demonstram escuta ativa e valorização do tempo compartilhado com os outros.

Em meus treinamentos com lideranças, gosto de salientar a importância desses instantes de contato entre líderes e liderados para realizarem feedbacks. É fundamental que eles cultivem a mentalidade de crescimento e desenvolvimento, tanto de quem emite como de quem recebe, ao usarem uma ferramenta tão poderosa, porém mal difundida. Diante do uso distorcido dessa ferramenta ao longo de anos, ela acabou tendo uma conotação muito negativa.

Vale salientar que no modelo de liderança que estamos apresentando neste momento é priorizado o feedback positivo. Ou seja, assim que um líder perceber uma oportunidade de reconhecer um feito de um liderado ele o fará imediatamente, sempre de forma oportuna e personalizada. Entretanto, isso não significa dizer que se houver a necessidade de um feedback corretivo ele não o fará. Nesse caso, gosto muito do modelo CIA para conduzir feedbacks corretivos, que tem como objetivo ajustar a rota sobre o que não está indo no rumo certo. O C é de comportamento, ou seja, descreva o comportamento que levou àquela situação ou àquele desempenho desfavorável, em seguida revele o I (impacto) que aquele comportamento causou em você, na equipe, em outras áreas ou no cliente e, por fim, aborde a letra A (ação para mudança), em que o ouvinte é convidado a pensar em ações para superar ou solucionar a situação ou, ainda, para não recorrer ao mesmo comportamento causador do problema.

Relações positivas

Não somos uma ilha. Somos seres sociais, e, portanto, as relações têm uma influência direta na dinâmica e no desempenho dos grupos. Um dos estudos mais duradouros feitos em Harvard sobre felicidade, desde 1930 até os dias atuais, levantou ao longo de décadas alguns motivos pelos quais as pessoas podiam considerar suas vidas mais felizes. Os pesquisadores chegaram à conclusão de que o elemento mais significativo para uma vida feliz reside nas relações que construímos, mais especificamente relacionamentos íntimos e que oferecem apoio social. Certamente isso se aplica ao mundo do trabalho, um local onde passamos a maior parte do nosso tempo em um dia.

Martin Seligman sempre valorizou bastante o poder dos elos que construímos para uma vida mais feliz, enxergando que as outras pessoas são o melhor antídoto para os momentos ruins da vida e a fórmula mais confiável para os bons momentos. Portanto, líderes positivos sabem que grande parte da sua energia deve ser investida em relacionamentos.

Como já mencionei no capítulo anterior, particularmente, acredito que muitos profissionais têm dificuldade de estabelecer relações saudáveis em seus ambientes de trabalho por sofrerem influência de um ingrediente que sempre foi muito estimulado: a competitividade.

Na corrida frenética por resultados e pela alta performance, as relações profissionais foram colocadas em xeque, uma vez que os próprios colegas de trabalho teriam que competir entre si para obter um lugar ao sol, serem reconhecidos como destaque ou terem que garantir uma comissão mais robusta em sua conta no final do mês.

Lembro que em um dos trabalhos que realizei em uma empresa no ramo de varejo, quando abordei a importância das relações no ambiente de trabalho e da cultura colaborativa, um dos vendedores levantou o braço e disse que era a primeira vez que eles estavam sendo instigados a pensar por aquela ótica, pois ao longo de sua carreira, e naquele segmento especialmente, ele sempre enxergava os colegas de trabalho como adversários e não como aliados. Perceba que dentro desse contexto há um maior risco de relações tóxicas serem propagadas. Já foi cientificamente comprovado que a dor social tem os mesmos efeitos que uma dor física. Portanto, cuidar das relações incide diretamente na saúde e bem-estar das pessoas.

Assim como o exemplo desse colaborador na área de vendas, certamente existem várias pessoas que ainda não viraram essa chave e que precisam passar por determinadas experiências de desenvolvimento pessoal ou de educação corporativa para ressignificarem esse olhar. E aqui também entra o papel da liderança positiva nessa construção.

Nesse sentido, um líder positivo nutre relações saudáveis a partir de condutas que demonstram que todos são importantes, sem fazer distinção, além de provocar pertencimento e colaboração entre os membros, por meio da inclusão e da valorização da diversidade das virtudes e forças pessoais existentes. No lugar de estimular a competição, ele integra as pessoas e evidencia como devem funcionar como equipe para fortalecer um círculo de apoio, confiança e segurança entre eles.

Você já ouviu a seguinte frase? "Um time não é um grupo de pessoas que trabalham juntas. É um grupo de pessoas que confiam umas nas outras". É exatamente sobre isso que estou falando. Quando a confiança é violada numa equipe, ela se torna extremamente vulnerável.

Líderes positivos compreendem o poder de uma verdadeira equipe e se esforçam diariamente para tornar isso real a partir da manutenção dos energizadores positivos. Como isso é feito? Ao reforçar pontos fortes, tanto individuais como grupais, estimulando a apreciação mútua das qualidades humanas entre os membros, além de construir redes com outros energizadores positivos em outras áreas do negócio. Ao identificarem os energizadores negativos no grupo, eles emitem um feedback franco e estabelecem um plano de desenvolvimento, além de retirá-los de uma posição central para não haver um contágio negativo dos outros colaboradores.

Significado positivo

No capítulo em que foi abordado trabalho, felicidade e o autoconhecimento, falamos sobre propósito, sobre dar sentido às nossas experiências profissionais. E esse é um tema tão relevante que aparece novamente aqui, só que agora como uma das estratégias de um líder positivo.

Nunca devemos subestimar a força de um propósito, já que ele representa uma fonte nutridora que nos conecta profundamente a algo maior do que o nosso eu.

Uma vida significativa é constituída por alguns pontos: amar incondicionalmente, encontrar significado em nosso sofrimento e fazer um trabalho que importa. Com isso posto, essas diretrizes nos ajudam a pensar como uma liderança positiva age diante dessa estratégia.

Considero que uma das missões mais nobres de um líder é imbuir significado, provocar propósito em relação às vidas daqueles que cruzam seu caminho, principalmente em uma era em que parece que estamos sedentos de sentido. E é sobre isso que este tópico fala. Esse modelo de liderança entende que o trabalho não deve ser vivido de forma robótica e destituído de valor emocional. As tarefas atribuídas a cada pessoa precisam ganhar sentido, é importante os profissionais entenderem a importância do seu trabalho e do impacto causado em todo o ecossistema, por mais operacional que seja.

Líderes positivos conseguem fazer as pessoas pensarem sobre a conexão que existe entre o propósito do negócio, a missão da área em que atuam e as atividades que são realizadas. Além disso, chamam atenção para a prática dos valores com coerência e consistência e, diante de desafios e situações adversas, extraem o significado positivo e aprendizados das experiências, o que os impulsiona a seguirem em frente e vislumbrarem novos objetivos e caminhos para dar vida ao propósito. Quando algum colaborador faz uma atitude destoante, o líder faz esse profissional pensar se o seu comportamento fortalece ou enfraquece o propósito que os guiam.

Vejamos alguns benefícios quando o propósito é trabalhado pelas lideranças numa empresa:

- ajuda a equipe a articular objetivos dentro de uma estrutura de passado, presente e futuro;
- proporciona um senso de eficácia e as pessoas se sentem mais úteis;
- impulsiona a criar motivos para ações;
- atividades associadas ao propósito frequentemente unem pessoas com um espírito de comunidade compartilhado.

Quando o trabalho tem alta significância ele apresenta um ou mais dos seguintes atributos:

1. tem impacto importante no bem-estar das pessoas;
2. está associado a importantes virtudes e forças pessoais;
3. tem efeito positivo de longo prazo e cria ondas de impacto;
4. constrói uma relação e senso de comunidade entre as pessoas.

Se você deseja despertar mais propósito, mais sentido e significado positivo aos seus colaboradores, aqui estão algumas perguntas para você usar com eles:

 Por que e para quem o seu trabalho é importante?

 Com quem seria interessante aprofundar a sua convivência para entregar melhor suas responsabilidades?

 O que você pode fazer melhor ou de forma diferente para aproximá-lo do nosso propósito?

 Este trabalho serve como ponte para que projeto de vida seu?

Um outro estilo de liderança bem atual que dialoga muito bem com a liderança anteriormente apresentada é o da **liderança consciente**, o qual tem sua raiz na liderança servidora, que tem como premissa a importância de servir para ajudar a organização a alcançar o seu maior potencial e tanto provocar como experimentar maior realização e felicidade. A onda da sustentabilidade também tem uma correlação direta com esse estilo de liderança, uma vez que se destina a perceber o impacto de suas ações no todo. Portanto, é importante lembrar, que esse modelo é um dos pilares que sustenta os estudos sobre capitalismo consciente. O perfil desse líder está ligado a três fios condutores: liderar com propósito, liderar com amor e liderar com integridade. Vamos passear por cada um deles.

Para a liderança consciente o primeiro e mais importante trabalho é conectar as pessoas ao propósito. Ao incorporá-lo, o líder procura ser o exemplo vivo, de modo a torná-lo evidente e empolgante no dia a dia, sendo sempre lembrado, renovado e relembrado entre as pessoas. Propósito gera alinhamento e é a bússola que norteia a equipe em suas decisões e métodos de trabalho. O líder sempre deixa claro para as pessoas que os processos devem ser guiados pelo propósito e não o contrário. Desta forma, o líder traz sempre à consciência de seus liderados o que está no centro da proposta de valor da empresa e que precisa ser preservado e potencializado nas ações do cotidiano.

Ao liderar com amor, o líder enxerga o trabalho como um campo propício para o nascimento de uma comunidade e não como uma selva, onde é cada um por si e salve-se quem puder. A partir disso, ele procura integrar os *stakeholders* e criar valor para todos os membros da comunidade, à luz da mentalidade ganha-ganha. Mackey, McIntosh e Phipps (2021) exaltam esse elemento afirmando que uma vez que entendemos as necessidades e desejos de outra parte e que essa informação está na mesa, ficamos em melhor posição para ajudar. O diálogo será mais construtivo e a solução mais acessível. Para isso, palavras como "cuidado", "generosidade", "compaixão", "perdão", "reconhecimento" e "gratidão" costumam fazer parte do repertório desse líder.

E, por fim, ao liderar com integridade, ele demonstra algumas qualidades, como: falar a verdade e estimular um ambiente onde ela pode ser facilmente proferida; demonstrar uma ética íntima profunda, sempre atento quando está próximo de ultrapassar limites inadequados; ser uma pessoa autêntica, que preza pela coerência entre a prática e o discurso, além de conquistar a credibilidade das pessoas e ser corajoso para fazer o que é certo ao abordar questões polêmicas e impopulares, bem como ao tomar decisões que nem sempre o beneficiam, mas que têm impacto positivo em algo maior.

Um outro estilo que merece atenção é a **liderança humilde**, bem abordada por Edgar Schein e Peter Schein. O alicerce desse modelo são os relacionamentos. Esse tipo de liderança considera que geralmente os problemas não estão nos elos, representados pelos indivíduos, e sim nas interações em que habitam os relacionamentos. Portanto, debruçar-se sobre elas é o que move esse estilo. Entretanto, não é a qualquer tipo de relacionamento que ela visa, e sim àqueles nos quais a franqueza e a confiança são presentes e constantemente estimuladas entre os membros.

No intuito de compreender a distinção das diferentes relações e seus padrões comportamentais, para chegar ao patamar desejado pela liderança humilde, apresento a seguir as principais características de cada nível e como se revelam no trabalho.

- **Nível negativo: relacionamentos coercitivos** – traços de exploração e indiferença entre os membros envolvidos. No trabalho, os funcionários costumam caracterizar esse tipo de relação como desumana, mas acabam sendo tolerantes e se submetem a experiências terríveis para suprirem suas necessidades básicas de sobrevivência. É o caso de muitos trabalhos escravos que ainda existem em pleno século 21. Pessoas em uma situação de vida mais vulnerável acabam por aceitar e executar determinadas tarefas em condições subumanas por se perceberem reféns do contexto em que estão inseridas. Na maioria das vezes, as pessoas são coagidas a cumprirem as obrigações com ruptura da sua dignidade.

- **Nível 1: relacionamentos transacionais e "profissionais"** – são relacionamentos mais impessoais e menos emotivos, os diálogos e supervisões são estabelecidos com base nas regras, nos processos definidos e nos papéis que desempenham. Este tipo de relacionamento pode funcionar bem se as atividades estiverem claras, porém não há profundidade e conexão entre as pessoas ao ponto de revelarem suas inteirezas. Falam sobre o estritamente necessário, com uma abordagem objetiva sobre as questões que precisam ser tratadas. O foco são as transações profissionais em que estão envolvidas: metas que precisam ser alcançadas, prazos que precisam ser cumpridos, planos de ações idealizados para implantar projetos ou resolver problemas mapeados. Ou seja, trata-se de relacionamentos alicerçados em uma cultura mais administrativa.

- **Nível 2: relacionamentos cooperativos** – ao passar para este nível, as pessoas estão dispostas a se conhecerem melhor para estabelecerem relacionamentos com nível mais profundo de confiança, franqueza e abertura. Implica conexões genuínas, mesmo sem as pessoas serem melhores amigas, sustentadas por diálogos verdadeiros e uma áurea de parceria para dar apoio e evitar rupturas. Existe uma ambiência de segurança psicológica nas relações. Como cita Schein (2022 a): "O nível 2 é construído aos poucos, com experiências de franqueza que mostram às partes quais são os limites apropriados e onde existe a ameaça de ir longe demais em assuntos particulares". Líderes que desejam engajar pessoas, ampliar o envolvimento e empoderamento precisam se concentrar em criar relacionamentos iniciando por este nível. Quanto mais as tarefas exigirem colaboração, confiança e relacionamentos genuínos, mais se precisa investir em relacionamentos *personizados* nível 2.

- **Nível 3: relacionamentos emocionalmente íntimos** – este nível é o que se denomina de relacionamentos íntimos ou próximos, como amizades que transcendem as conexões casuais. O que difere o nível 2 do nível 3 é uma questão de intensidade, pois neste a carga emocional é muito maior. Enquanto o nível 2 passa por dar apoio e evitar magoar os outros, o nível 3 busca ativamente maneiras de ajudar os outros a melhorarem. Neste nível, acabamos por revelar mais detalhes dos nossos sentimentos, pensamentos, desejos. Ou seja, existe a abertura para compartilhar informações mais profundas de natureza pessoal com quem é considerado muito próximo.

Se você ficou em dúvida por onde começar entre os níveis apresentados, é importante saber que a liderança humilde procura evoluir seus relacionamentos no mínimo ao patamar nível 2, o qual é considerado um formato humanizado equilibrado no mundo corporativo. É importante saber que uma das habilidades desse estilo de liderança é saber preservar o equilíbrio entre excesso de formalismo e o excesso de intimidade.

Mais recentemente, surgiu no mercado a **liderança segura**, que está diretamente relacionada aos preceitos da segurança psicológica nos ambientes de trabalho, algo que vem ganhando notoriedade nos discursos e capacitações no meio organizacional. Esse modelo de liderança conecta-se profundamente com a liderança humilde e nas próximas linhas você entenderá o porquê. Um ambiente psicologicamente seguro é aquele onde a condição que antecede o uso da voz por parte do colaborador existe. Ou seja, é o contrário a cultura do silêncio, a qual tem como principal pano de fundo o medo.

Para Edmondson (2020), pesquisadora de Harvard, é a crença compartilhada de que o ambiente permite que se assumam riscos interpessoais. As pessoas se sentem à vontade para expor suas opiniões e ideias sem serem julgadas, ameaças ou constrangidas. Para Clark (2023), pesquisador de Oxford, é quando a vulnerabilidade é premiada e não punida.

E qual o papel da liderança para criar essa ambiência? Essencial! Embora a segurança psicológica no trabalho seja de responsabilidade de todas as pessoas que compartilham o dia a dia profissional, não há dúvidas de que o líder tem um peso maior tanto para criar as condições propícias desse fator como para mantê-lo vivo e romper com qualquer evidência que o coloque em risco.

Existem alguns indicativos da falta de segurança psicológica nas relações: ter a sensação de exclusão, ser ignorado numa roda de conversa, ter medo de fazer uma pergunta ou omitir uma resposta por ter receio de como será a reação dos outros, bem como ser penalizado por um erro quando está em processo de aprendizagem. Como reflexo da falta de segurança psicológica, surge a epidemia do silêncio. E o que o silêncio por parte dos colaboradores acarreta? Vários são os malefícios, mas quero destacar dois que interferem diretamente na imagem e reputação das empresas: problemas com qualidade e segurança, ou seja, a gestão de riscos é afetada, uma vez que as pessoas não se sentem à vontade para abordar os pontos disfuncionais do hoje que podem gerar problemas no amanhã, inclusive fatais e envolvendo vidas humanas ou desastres ambientais. Com a falta da segurança psicológica, o lugar seguro se torna o silêncio, como mecanismo de autodefesa, de autoproteção para a própria sobrevivência.

A liderança segura trabalha no oposto desse caminho, uma vez que não apoia a epidemia do silêncio e compreende que, para uma equipe aumentar o nível de engajamento na superação de desafios e no enfrentamento dos problemas, demonstrarem interesse em aprender, serem profissionais ousados para inovar, além de estarem com sua saúde mental em dia, a segurança psicológica é um recurso inegociável.

Pensando nisso, quero lhe fazer algumas perguntas para você refletir. Seja honesto! Suas respostas trarão indícios se você é um provedor de segurança psicológica ou não. Lembre-se das relações que você mantém em sua célula de trabalho.

| As pessoas se sentem apoiadas e valorizadas pelos membros da equipe e sentem que ninguém irá prejudicá-las ou rejeitá-las? | As pessoas se sentem seguras para fazerem perguntas, inovarem, arriscarem e aprenderem com os erros? | As pessoas se sentem seguras para pedirem ajuda, engajarem-se em conversas difíceis, darem e receberem feedback? | As pessoas se sentem seguras para se pronunciarem, exporem problemas, trazerem ideias e questionarem o status quo? |

Fonte: a autora

Essas são apenas algumas perguntas selecionadas para você começar a ponderar como está contribuindo para a consolidação da segurança psicológica em sua equipe. Além disso, logo abaixo, preparei para você um checklist com alguns comportamentos que compõem os traços da liderança segura. Quanto mais itens marcar, mais aderente você estará a esse perfil.

- Acolho a diversidade humana e estimulo a cultura de portas abertas para todos, indiscriminadamente.
- Mantenho-me presente e me concentro nas conversas com meus liderados.
- Intervenho quando um membro de uma equipe fala negativamente sobre outra pessoa ou quando percebo qualquer sinal de preconceito.
- Enfatizo que sempre temos a oportunidade de aprender mais, inclusive eu.
- Aceito receber notícias difíceis e conversamos abertamente quando elas surgem.

- Solicito contribuições, opiniões e feedbacks sistematicamente. Estimulo a voz no lugar do silêncio, por mais que as ideias sejam contrárias às minhas.
- Convido a equipe a me desafiar. Tenho a convicção de que não é porque sou líder que tenho sempre a razão.
- Sei reagir de forma adequada às diferentes vozes que surgem.
- Repreendo qualquer iniciativa de represália, humilhação, constrangimento ou ameaça entre os membros da equipe quando alguém está se expressando ou aprendendo.
- Evito colocar culpa e procuro focar em soluções.
- Expresso gratidão pelas contribuições das pessoas.
- Reconheço as qualidades da minha equipe e potencializo o que há de melhor nela.

Após esse passeio por vários estilos, procurando explicitar o que se destaca em cada um deles, não sei se ficou nítido para você que a linha do tempo desenhada vai nos conduzindo para um modelo de líder: a liderança humanizada. O mundo de hoje pede líderes deste calibre, que lideram com alma e que consideram genuinamente as pessoas e os relacionamentos a força central de qualquer negócio. Como nos provoca Simon Sinek no prefácio do livro *Todos são Importantes*, de Bob Chapman e Raj Sisodia, existe uma enorme diferença entre entender o valor das pessoas em uma organização e efetivamente tomar decisões que considerem suas necessidades.

Muitos são os mitos em torno desse tema, como: "Líder humanizado é bonzinho e bobo demais!", "Líder humanizado fecha os olhos para muitas coisas!" ou "Líder humanizado não se preocupa com os resultados!". Caso você seja uma dessas pessoas, espero ter ampliado a sua perspectiva com esta leitura, a ponto de estar mais propenso a acolher esses estilos mais humanizados, suspender informações que um dia foram amplamente difundidas de forma equivocada e ressignificar o seu olhar sobre esse tipo de liderança. Não se trata de ser uma coisa ou outra. Vimos neste capítulo os impactos e as contribuições desses diferentes modelos e o quanto isso reflete nos resultados em curto e longo prazo. Quanto mais próximo de líderes que inspiram, engajam e conseguem acessar e despertar o potencial, mais as pessoas cuidarão com maestria dos resultados. Portanto, a liderança humanizada integra gente e resultados, colocando em xeque modelos de liderança ultrapassados e orientados exclusivamente para os números sem considerar o universo complexo e humano no qual as empresas são feitas.

Um retrato explícito sobre o impacto no desempenho financeiro de empresas que são consideradas humanizadas pode ser visto na tabela a seguir, indicando uma superação significativa de desempenho em todos os intervalos de tempo, em contrapartida à instabilidade de desempenho das empresas *good to great*:

Resultado acumulado	15 anos	10 anos	05 anos	03 anos
Empresas humanizadas americanas	1681,11%	409,66%	151,34%	83,37%
Empresas humanizadas internacionais	1180,17%	512,04%	153,83%	47,00%
Empresas *good to great*	262,91%	175,80%	158,45%	221,81%

Fonte: adaptação de Sisodia, 2019

Para quem já teve a oportunidade de participar dos meus trabalhos com desenvolvimento de lideranças sabe o quanto procuro esclarecer essas inverdades e exaltar por meio de evidências científicas a importância da humanização nos ambientes laborais.

Requer coragem assumir essa mudança ao desapegar de crenças limitantes que nortearam determinados formatos de liderar até os dias atuais para abraçar um novo jeito de ser, mais adequado às necessidades de uma sociedade na qual a vulnerabilidade está cada vez mais estampada e em que a sustentabilidade humana deve ser a prioridade. Afinal, a felicidade e o bem-estar dos trabalhadores não podem ser vistos como um favor, e sim como um direito de todos. Compreendo que a liderança verdadeiramente humana geralmente está fora do domínio e do repertório que a maioria das pessoas foi ensinada, porém vejo isso como uma oportunidade para contribuir com o despertar e a evolução de inúmeros gestores, pois para fazer uma gestão do amanhã de forma efetiva, os líderes não podem estar cristalizados nos modelos antigos heroicos, autoritários e individualistas.

E é sempre bom lembrar, como cita Di Stéfano (2005, p. 25):

> Humanizar a empresa não significa fazer dela um clube de campo para a sua equipe, e sim criar um clima organizacional de apoio e de desenvolvimento, para gerar aprendizado e expansão dos potenciais de cada um. Significa interagir com os liderados como pessoas com recursos internos a serem desenvolvidos e não como objetos massificados.

Como uma síntese de tudo o que vimos neste capítulo, considero válido concluir com os mandamentos da liderança humanizada a partir da vivência da empresa Barry-Wehmiller, que existe desde 1885 e que passou por várias mudanças para chegar ao que ela é hoje, como *case* de sucesso em cultura e gestão. Considero uma abordagem universal e bastante aplicável a qualquer líder, independentemente do segmento do seu negócio. É uma forma de você se inspirar e ser orientado por estes princípios a partir de agora e, quem sabe, idealizar outros que façam sentido para você.

1.	Comece todos os dias com foco nas vidas que você toca.
2.	Saiba que liderança é o cuidado que você tem com vidas que lhe foram confiadas.
3.	Adote práticas de liderança que mandem as pessoas para seus lares no final de cada dia seguras, saudáveis e realizadas.
4.	Alinhe todas as ações a uma visão inspiracional de um futuro melhor.
5.	Confiança é a base de todas as relações, aja de acordo.
6.	Procure pela bondade nas pessoas, reconheça e celebre-a diariamente.
7.	Não exija nem menos nem mais de ninguém o que você faria com seu próprio filho.
8.	Lidere com um claro senso de otimismo fundamentado.
9.	Reconheça e curve-se à singularidade de cada um.
10.	Sempre meça o seu sucesso pela forma que você toca as vidas das pessoas.

Fonte Chapman e Sisodia, 2020

Sinek (2019) lança luz sobre a importância da liderança humana afirmando que ela protege a organização das rivalidades internas que podem destruir sua cultura. Quando precisamos nos proteger uns dos outros, toda a organização sofre. Mas quando a confiança e a cooperação prosperam internamente, ficamos unidos e assim a organização fica mais forte.

A minha intenção é sempre inspirar lideranças em uma atuação positiva, transformadora e sustentável, fazendo-as compreender o impacto do seu papel em todas as esferas que influenciam, de um modo especial no tocante à cultura e às pessoas. Líderes são essenciais para que resultados sejam alcançados, para que pessoas evoluam e para que o mundo se torne um melhor local para se estar e viver. Desejo que a partir de agora você reflita sobre o que tem deixado de si mesmo em cada pessoa que cruza o seu caminho e decida criar grandes memórias com elas. Por fim, desejo-lhe uma jornada cheia de sentido neste papel tão valoroso que é liderar e que o seu legado transcenda gerações.

Entre todos os modelos de liderança apresentados, com qual você mais se identificou?

Se você pudesse destacar em três tópicos as lições aprendidas sobre gestão humanizada, quais seriam? 1. 2. 3.

Na empresa em que você atua, existe a cultura de desenvolver as lideranças continuamente? ( ) Sim ( ) Não
Quais são os seus principais pontos fortes como líder?

Quais são os seus principais pontos críticos a serem trabalhados a partir da leitura deste capítulo?

Como quero ser lembrado pelos que trabalharam comigo quando eu não estiver mais aqui?

REFERÊNCIAS

ARONSON, Elliot; ARONSON, Joshua. *O animal social*. São Paulo: Goya, 2023.

BARRET, Richard. *A Organização dirigida por valores*. Rio de Janeiro: Alta Books, 2017.

BARRET, Richard. *A nova psicologia do bem-estar humano*. Rio de Janeiro: Alta Cult, 2019.

BEN-SHAHAR, Tal. *Seja muito feliz, aconteça o que acontecer*: como cultivar a esperança e o propósito em tempo difíceis. Rio de Janeiro: Principium, 2022.

BRANCO, João. *Dê propósito*: coloque a intenção certa no seu trabalho e preencha sua rotina de satisfação e significado. São Paulo: Editora Gente, 2022.

CHAPMAN, Bob; SISODIA, Raj. *Todos são importantes*: o extraordinário poder das empresas que cuidam das pessoas como gente e não como ativos. Rio de Janeiro: Alta Books, 2020.

CARNEGIE, Dale e Associados. *Conecte-se*: como construir relações baseadas na confiança. Rio de Janeiro: Sextante, 2024.

CLARK, Timothy R. *Os 4 estágios da segurança psicológica*: definindo o caminho para a inclusão e inovação. Rio de Janeiro: Alta Books, 20023.

CORTELLA, Mario Sergio. *Por que fazemos o que fazemos?* Aflições vitais sobre trabalho, carreira e realização. São Paulo: Planeta, 2016.

COVEY, Stephen R. *A velocidade da confiança*: o elemento que faz a diferença. Rio de Janeiro: Alta Books, 2017.

CSIKSZENTMIHALYI, Mihaly. *FLOW*: a psicologia do alto desempenho e da felicidade. Rio de Janeiro: Objetiva, 2020.

CSIKSZENTMIHALYI, Mihaly. *FLOW – guia prático:* como encontrar o foco ideal no trabalho e na vida. Rio de Janeiro: Objetiva, 2022.

DE MASI, Domênico. *O trabalho no século XXI:* fadiga, ócio e criatividade na sociedade pós-industrual. Rio de Janeiro: Sextante, 2022.

DI STEFANO, Rhandy. *O líder coach:* líderes criando líderes. Rio de Janeiro: Qualitymark, 2005.

EDMONDSON, Amy C. *A organização sem medo:* criando segurança psicológica no local de trabalho para aprendizado, inovação e crescimento. Rio de Janeiro: Alta Books, 2020.

FRANÇA, Luiz. *Cultura de confiança:* a arte do engajamento para times fortes e que geram resultados. São Paulo: Editora Gente, 2022.

FRANKL, Viktor E. *Em busca de sentido:* um psicólogo no campo de concentração. Petrópolis: Vozes, 2020.

FURTADO, Carla. *Feliciência:* felicidade e trabalho na era da complexidade. São Paulo: Actual, 2022.

GUIMARÃES, Gilberto. *Liderança Positiva:* para atingir resultados excepcionais. São Paulo: Évora, 2012.

HAN, Byung-Chul. *Sociedade do cansaço.* Petrópolis: Vozes, 2022.

HANSON, Rick. *O cérebro de Buda:* neurociência prática para a felicidade. São Paulo: Alaúde, 2012.

HANSON, Rick. *O cérebro e a felicidade:* como treinar sua mente para atrair serenidade, amor e autoconfiança. São Paulo: WMF Martins Fontes, 2015.

HARVARD BUSINESS REVIEW. *Empatia.* Rio de Janeiro: Sextante, 2019.

HARVARD BUSINESS REVIEW. *Como melhorar a saúde mental no trabalho.* Rio de Janeiro: Sextante, 2023.

HILLERT, Andreas; KOCH, Stefan; LEHR, Dirk. *Como lidar com burnout e estresse ocupacional crônico:* guia prático para pacientes, familiares e profissionais da saúde. São Paulo: Hogrefe, 2022.

LYUBOMIRSKY, S.; SHELDON, K.; SCHKADE, D. Pursuing Happiness: The Architecture os Sustainable Change. *Review os General Psychology*, v. 9, n. 2, 2005.

MACKEY, John; McINTOSH, Steve; PHIPPS, Carter. A liderança consciente: inspirando a humanidade através dos negócios. Rio de Janeiro: Alta Books, 2021.

MENDANHA, Marcos. *O que ninguém te contou sobre burnout*: prevenção (organizacional e individual), sintomas, diagnóstico, tratamento, além de todas as repercussões previdenciárias e legais. Leme: Mizuno, 2024.

MONNET, Helen. *Caderno de exercícios para se libertar das relações tóxicas*. Petrópolis: Vozes, 2022.

NEFF, Kristin. *Autocompaixão*: pare de se torturar e deixe a insegurança para trás. Teresópolis: Lúcida Letra, 2017.

NIEMEC, Ryan M. *Intervenções com forças de caráter*: um guia de campo para praticantes. São Paulo: Hogrefe, 2019.

NIEMEC, Ryan M; MCGRATH, Robert. *O poder das 24 forças de caráter*: valorize e impulsione o seu melhor. São Paulo: Geniantis, 2021.

OMAIS, Sálua. Manual de psicologia positiva: tudo o que você precisa saber sobre o movimento que vem mudando a forma de olhar o ser humano, despertando o melhor das pessoas e unindo ciência, felicidade e bem-estar. Rio de Janeiro: Qualitymark, 2018.

SCHARMER, Otto. *O essencial da teoria U*: princípios e aplicações fundamentais. Curitiba: Voo, 2020.

SCHEIN, Edgar H; SCHEIN, Petter A. *Liderança Humilde*: o poder dos relacionamentos, da franqueza e da confiança na vida profissional. São Paulo: Cultrix, 2022a.

SCHEIN, Edgar H; SCHEIN, Petter A. *Cultura Organizacional e Liderança*. São Paulo: Atlas, 2022b.

SELIGMAN, Martin. *Florescer*: uma compreensão sobre a natureza da felicidade e do bem-estar. Rio de Janeiro: Objetiva, 2011.

SILVA, Narbal; FARSEN, Thaís C. *Qualidades Psicológicas Positivas nas Organizações*: desenvolvimento, mensuração e gestão. São Paulo: Vetor, 2018.

SILVA, Narbal; RIBEIRO, Andressa; BUDDE, Cristiane; DAMO, Lilian. *Felicidade, espiritualidade e prosperidade nas organizações:* das ideias às práticas fundamentais. São Paulo: Vetor, 2022

SINEK, Simon. *Encontre seu porquê*: um guia prático para descobrir o seu propósito e o da sua equipe. Rio de Janeiro: Sextante, 2018.

SINEK, Simon. *Líderes se servem por último*. Como construir equipes seguras e confiantes. Rio de Janeiro: Alta Books, 2019.

SIQUEIRA, Mirlene Maria Matias. *Novas medidas do comportamento organizacional*: ferramentas de diagnóstico e de gestão. Porto Alegre: Artmed, 2014.

SNYDER, Charles R.; LOPEZ, Shane J. *Psicologia Positiva*: uma abordagem científica e prática das qualidades humanas. Porto Alegre: Artmed, 2009.

SISODIA, Raj; HENRY Timothy; ECKSCHMIDT. *E Capitalismo Consciente:* ferramentas para transformar sua organização. Curitiba: Voo, 2018.

SISODIA, Raj; WOLFE, David; SHETH, Jag. *Empresas Humanizadas*: pessoas, propósito e performance. Rio de Janeiro: Alta Books, 2019.

SUNIM, Haemin. *As coisas que você vê quando desacelera*. Rio de Janeiro: Sextante, 2017.

TAYLOR, Carolyn. *Walking the talk*: a cultura através do exemplo. São Paulo: Labrador;2022.

VAZQUEZ, Ana Claudia; HUTZ Claudio. Psicologia positiva organizacional e do trabalho na prática. São Paulo: Hogrefe, 2021.